PRÉ-HISTÓRIA DO BRASIL

COLEÇÃO HISTÓRIA NA UNIVERSIDADE – TEMAS

Coordenação
Jaime Pinsky e Carla Bassanezi Pinsky

Conselho
João Paulo Pimenta
Marcos Napolitano
Maria Ligia Prado
Pedro Paulo Funari

CIVILIZAÇÕES PRÉ-COLOMBIANAS • Alexandre Guida Navarro
ESTADOS UNIDOS NO SÉCULO XX • Flávio Limoncic
IGREJA MEDIEVAL • Leandro Duarte Rust
IMPERIALISMO • João Fábio Bertonha
INDEPENDÊNCIA DO BRASIL • João Paulo Pimenta
JUVENTUDE E CONTRACULTURA • Marcos Napolitano
PRÉ-HISTÓRIA DO BRASIL • Pedro Paulo Funari e Francisco Silva Noelli
REFORMA E CONTRARREFORMA • Rui Luis Rodrigues
RENASCIMENTO • Nicolau Sevcenko
REVOLUÇÃO FRANCESA • Daniel Gomes de Carvalho
ROTA DA SEDA • Otávio Luiz Pinto
SEGUNDA GUERRA MUNDIAL • Francisco Cesar Ferraz
UNIÃO SOVIÉTICA • Daniel Aarão Reis

Proibida a reprodução total ou parcial em qualquer mídia sem a autorização escrita da editora.
Os infratores estão sujeitos às penas da lei.

A Editora não é responsável pelo conteúdo deste livro.
Os Autores conhecem os fatos narrados, pelos quais são responsáveis, assim como se responsabilizam pelos juízos emitidos.

Consulte nosso catálogo completo e últimos lançamentos em **www.editoracontexto.com.br**.

Pedro Paulo Funari
Francisco Silva Noelli

PRÉ-HISTÓRIA DO BRASIL

HISTÓRIA NA UNIVERSIDADE – TEMAS

Copyright © 2022 dos Autores

Todos os direitos desta edição reservados à
Editora Contexto (Editora Pinsky Ltda.)

Foto de capa
Pintura em caverna de São Raimundo Nonato, Piauí
(Antonio Kehl)

Montagem de capa e diagramação
Gustavo S. Vilas Boas

Coordenação de textos
Carla Bassanezi Pinsky

Preparação de textos
Lilian Aquino

Revisão
Ana Paula Luccisano

Dados Internacionais de Catalogação na Publicação (CIP)

Funari, Pedro Paulo
Pré-história do Brasil / Pedro Paulo Funari,
Francisco Silva Noelli. – 1. ed., 2ª reimpressão. –
São Paulo : Contexto, 2025.
144 p. : il. (Coleção História na Universidade: Temas)

Bibliografia
ISBN 978-65-5541-225-3

1. Brasil – História I. Título II. Noelli, Francisco Silva III. Série

22-6941   CDD 981

Angélica Ilacqua – Bibliotecária – CRB-8/7057

Índice para catálogo sistemático:
1. Brasil – História

2025

EDITORA CONTEXTO
Diretor editorial: *Jaime Pinsky*

Rua Dr. José Elias, 520 – Alto da Lapa
05083-030 – São Paulo – SP
PABX: (11) 3832 5838
contato@editoracontexto.com.br
www.editoracontexto.com.br

Sumário

Convite a uma aventura 7

Como assim, Pré-História do Brasil? 11

Os primeiros habitantes 35

A crescente diversidade dos habitantes 77

Perspectivas na História do Brasil pré-colonial 127

O futuro da Pré-História do Brasil 135

Sugestões de leitura e pesquisa 141

Convite a uma aventura

Ao entrarmos em contato com culturas do passado, aprendemos com o outro, enriquecemos nossa visão de mundo e descobrimos ser possível pensar em futuros melhores. Acreditando nisso, constatamos com preocupação o paradoxo entre a importância de conhecer a trajetória dos antigos habitantes do Brasil, os povos que ocuparam o país antes da chegada dos portugueses, e a pouca atenção dada ao tema no ensino formal, tanto nos níveis fundamental e médio quanto nos cursos universitários de História. Trata-se de milhões e milhares de anos que representam a imensa maioria do tempo da existência humana, mas que acabam sendo negligenciados. Basta ver como são raros graduações, bacharelados e licenciaturas que dedicam estudos ao período pré-colonial, e menos ainda os que contam com pré-historiadores em seus quadros docentes ou currículos que tratem da Pré-História, em geral, e a do Brasil, em particular.

Tentando mudar esse quadro, nosso objetivo com este livro é fornecer uma introdução atualizada à Pré-História do Brasil. Para isso, procuramos explicar os termos e os conceitos utilizados pelos pesquisadores da área. Apresentamos achados, artefatos, vestígios e sítios arqueológicos devidamente localizados e datados, os principais estudos sobre o tema e suas conclusões, além das disputas e dos consensos historiográficos, tudo de maneira problematizada. Como a Escola dos Annales, corrente historiográfica seminal, afirmou, "a História é sempre História Problema". "História" em grego é "investigação". "Problema" significa, na origem, "algo colocado na frente", um obstáculo, ou, melhor ainda, um desafio. A "História Problema" é a que reconhece ser sempre interpretada, inserida em discussões e controvérsias entre estudiosos que sabem que "o que passou, passou", que só podemos acessar o passado de maneira indireta e de forma parcial por meio das fontes de informação filtradas por hipóteses e teorias bem embasadas. A História Antiga e mesmo a Pré-História não escapam desse horizonte. Procuramos, portanto, deixar isso bem claro no livro, a cada passo.

Começamos discutindo os conceitos de "Pré-História" e de "Brasil", assim como as maneiras pelas quais podemos conhecer o passado bem distante e os estilos de vida mais antigos. Em seguida, passamos aos primeiros habitantes de nosso território, os paleoíndios, às diversas propostas de interpretação sobre quem eram, como chegaram aqui e de que forma ocuparam terreno, formuladas a partir de achados como Luzia, a serra da Capivara, entre outros, além de relevantes descobertas genéticas e linguísticas.

A crescente diversidade na ocupação humana é tratada sempre com base em evidências e interpretações explicitadas de modo a deixar claro para o leitor a complexidade do assunto que suscita diferentes pontos de vista. A agricultura e a cerâmica relacionam-se às diferenciações sociais nos grupos humanos. Assentamentos no interior e na costa são distintos. Diferentes ambientes geográficos relacionam-se a variadas estratégias de ocupação, estilos de vida e expressões simbólicas. "Paleoíndio" não é o mesmo que "ameríndio". Chamamos de paleoíndios os primeiros habitantes do nosso continente, e de ameríndios os atuais indígenas e seus antepassados. Qual a diferença? Não sabemos se os paleoíndios são mesmo antepassados dos atuais ameríndios, há controvérsias.

Atenção: neste livro, usamos "AP" para datações no continente americano e antigas, e "a.C." ou "d.C." para as datações do Velho Mundo, desde a invenção da escrita, 5.000 anos atrás ou 3.000 a.C.

Convém dizer ainda que escrevemos este livro a partir da nossa experiência de formadores de licenciados e historiadores e, ao mesmo tempo, de arqueólogos estudiosos da Pré-História. Como arqueólogos, buscamos apresentar sítios arqueológicos, artefatos líticos e cerâmicos, pinturas e gravuras, a partir da sua especificidade e dos desafios inerentes ao seu estudo. Como professores, com atuação no ensino fundamental, médio e superior, compreendemos e procuramos adequar o texto às necessidades de docentes e alunos, buscando aliar clareza e profundidade. Ao final da obra, o leitor encontra sugestões de livros e outros materiais para se aprofundar no assunto. Ficaremos satisfeitos se quem nos lê sentir-se estimulado a prosseguir no estudo da Pré-História, a difundir o conhecimento da cultura milenar dos ameríndios e a fazer parte, como pesquisador (por que não?!), do futuro dessa História do Brasil anterior a Cabral. Reconhecer a humanidade de todas as culturas de modo a beneficiar todas as pessoas – que tal dedicar-se a esse projeto? Convite feito, comecemos nossa viagem!

Como assim, Pré-História do Brasil?

O que entendemos por Pré-História do Brasil? Há muita discussão sobre essa expressão, que não é nada óbvia. Comecemos, portanto, pelas questões que envolvem seu emprego neste livro.

BRASIL, UMA INVENÇÃO RECENTE

O arqueólogo Jorge Eremites de Oliveira (1969-) propôs, faz já um bom tempo, chamarmos a temática da qual esta obra trata não de "Pré-História", mas de "História Indígena". Outros estudiosos preferiram termos como "Estudo do período pré-colonial", "Arqueologia Pré-Colonial", "História Ancestral", e todos apresentaram bons argumentos para suas opções. Como está claro no título mesmo deste livro, nós, os autores, adotamos "Pré-História" e vamos explicar, daqui a pouco, essa escolha. Mas há, também, o segundo termo da nossa fórmula, "do Brasil", que deve ser esclarecido.

Estamos tão acostumados com expressões como "Brasil" e "brasileiro", que parecem autoexplicativas. Mas, de fato, "Brasil" também é um conceito, discutível e discutido, assim como o seu derivado, "brasileiro". Assim, convém iniciar nossa caminhada pelo que entendemos por tais termos.

O Brasil é um país novo surgido em 1822. Todavia, em relação a outros países, como Itália e Alemanha, o Brasil é um país antigo, tendo em vista que esses só formaram seus Estados nacionais a partir da década de 1860 e demoraram muito mais tempo que o Brasil para adquirir, por exemplo, uma língua nacional. Quando da Unificação Italiana, calcula-se que menos de 5% da população da península itálica soubesse se expressar em italiano e, após tantos séculos vivendo em cidades e reinos independentes, os italianos demoraram a identificar-se com o novo Estado nacional. O Brasil, com uma língua nacional difundida em um imenso território, possuía no português um forte fator de unidade e, nesse sentido, pode-se dizer que é um país dos mais antigos.

Por que, em um livro sobre a Pré-História, os autores divagam sobre a nação brasileira? Porque não há como falar em Pré-História do Brasil sem esclarecer o que é o Brasil. O Brasil é um Estado nacional, um tipo de organização social, política e econômica muito recente, surgida em fins do século XVIII e que, aqui, começou a adquirir formas concretas em 1822, com a proclamação da Independência.

Durante a maior parte da História, antes do surgimento dos Estados nacionais, as pessoas em geral se identificavam como oriundas de suas cidades, suas pátrias. Em italiano, *paese* significa antes de tudo "cidade", "aldeia" (só muito depois passou a significar "país"), como também em nossa língua, a palavra "país" era usada para designar a região onde se nasceu, com seu dialeto, costumes, sabores e leis próprias. Antes da época dos Estados nacionais, as pessoas também podiam se identificar com grandes Estados, impérios, nos quais se falavam muitas línguas, com costumes variados, povos de origens e tradições diferenciados. Exemplos de Estados imperiais foram o Império Romano, o Império Espanhol, o Império Turco-Otomano, o Império Russo e o Império Austro-Húngaro, com suas miríades de povos, culturas e línguas, em territórios às vezes descontínuos.

Os Estados nacionais, surgidos no final do século XVIII, começam a substituir o papel desempenhado por antigas cidades e impérios, criando países baseados nas noções de um povo, com uma língua e uma cultura mais ou menos homogênea, em um território delimitado e, em geral, contínuo.

Assim é o Brasil que surge em 1822. Antes disso, o que chamamos de Brasil fazia parte de um império comandado pelo Reino de Portugal, espalhado pelos quatro continentes (Europa, África, Ásia e América, por ordem de conquista portuguesa), com múltiplos idiomas em uso, composto por muitíssimos povos de diferentes origens e tradições. No território do que viria a ser o Brasil, nos três primeiros séculos de colonização portuguesa, falavam-se muitas línguas (português, mas também a chamada "língua geral", uma linguagem que mescla português e tupi, numerosas línguas indígenas, línguas africanas, espanhol, holandês...) e escreviam-se também em algumas delas (português, latim, "língua geral", espanhol, holandês...). Os próprios limites do território do Brasil só viriam a ser fixados aproximando-se do que é hoje no Tratado de Madri, de 1750, entre Espanha e Portugal. Por certo tempo, o nome "Brasil" referiu-se a uma parte apenas do território português na América, pois havia o então chamado Estado do Grão-Pará e Maranhão, estabelecido pela administração espanhola em 1621 e que durou até 1774, ao menos. O termo "Estado" foi usado para designar as duas regiões administrativas coloniais na América portuguesa: o Estado do Maranhão, ao norte, e o Estado do Brasil, ao sul. Faziam parte do primeiro, com capital em São Luís do Maranhão, os atuais estados do Amazonas, Roraima, Pará, Amapá, Maranhão e Piauí!

Agora começa a ficar mais claro que o Brasil é uma invenção, por assim dizer, recente e que quando se fala em "Brasil colonial", como aprendemos na escola e nos livros, estamos transpondo para o passado um conceito de nação brasileira que é nosso, de nossa época, para um período em que não existia o país, pois só podemos olhar para o passado por nossas próprias lentes, e seria ainda mais enganoso pensarmos que somos capazes de nos desvencilhar do presente. É preciso, no entanto, ter em mente que sempre que usarmos o termo "Brasil" neste livro, estaremos nos referindo ao território que hoje faz parte do nosso país, e não ao nosso Estado nacional.

HISTÓRIA E PRÉ-HISTÓRIA

Em um certo sentido, considerando o que vimos, a pré-história do Brasil seria tudo o que ocorreu antes da Independência, em 1822. No entanto, o conceito de "Pré-História" aqui empregado é outro, surgido também apenas no século XIX. Durante muitos séculos, acreditou-se, no Ocidente, que o mundo havia sido criado por Deus há poucos milhares de anos e que os primeiros seres humanos teriam sido Adão e Eva, como está na Bíblia (Gênesis, do capítulo dois, 2,4, ao quarto, 4,24, para quem quiser ler o texto). Essa explicação da origem do homem só foi contestada em meados do século XIX! No início do século, contudo, houve uma primeira tentativa de interpretação dos períodos mais recuados da vida humana. A partir de 1816, Christian J. Thomsen (1788-1865), o primeiro conservador do Museu Nacional Dinamarquês, deu ordem às sempre crescentes coleções de antiguidades. Assim o fez, classificando-as em três idades, da Pedra, do Bronze e do Ferro. A ideia era, de fato, muito simples: antes de o homem aprender a usar metais, vivera numa idade da pedra e, após ter aprendido, utilizou, de início, apenas o cobre e o bronze, só mais tarde passando ao ferro. Apenas com a teoria do "evolucionismo" haveria uma verdadeira revolução no entendimento da questão das origens do ser humano.

Em 1809, nascia Charles R. Darwin (1809-1882), que se formaria em Teologia, em Cambridge, em 1831, e mais tarde se interessaria por Entomologia (estudo dos insetos) e Botânica, tornando-se um naturalista, viajante dos rincões mais afastados, como o Atlântico Sul e o Pacífico, sempre pesquisando a natureza. Publicou diversas obras com suas considerações sobre o que conheceu, como *Viagem de um naturalista ao redor do mundo* (1839). Em 1859, Darwin publicou seu livro mais famoso, *A origem das espécies*, obra que teve um impacto enorme, tendo sido vendida toda a primeira edição, de 1.250 exemplares, em um único dia! A segunda edição, com 3 mil exemplares, esgotou-se em uma semana.

Na introdução do livro, Darwin afirmava que "as espécies não são constantes, mas as que pertencem a um mesmo gênero provêm, em linha direta, de outras, em geral já extintas, assim como as variedades reconhecidas de uma determinada espécie provêm desta espécie". A espécie humana passou a ser vista como parte do reino animal e o homem como resultado de uma evolução, não de uma criação divina pronta e acabada. Em 1871, Darwin publicou *A origem do homem e a seleção sexual*, completando a proposta de uma interpretação alternativa àquela teológica da origem humana.

De início, a reação ao evolucionismo de Darwin foi violenta por parte dos clérigos e também de todos os que não aceitavam a ideia de que o ser humano não havia sido criado por Deus já em sua forma final, a que nós temos hoje. Com o passar do tempo, entretanto, começou-se a difundir a visão de que o ser humano é um animal e, mesmo para os que acreditavam no relato bíblico – excetuando-se os fundamentalistas –, a criação de Adão e Eva passou a ser aceita como uma metáfora ou alegoria (representação figurada), não como um fato histórico. Essa revolução no conhecimento também transformou o estudo dos vestígios humanos e mesmo a maneira de enxergar textos religiosos ou mitológicos. Ao lado de novas interpretações históricas e antropológicas das tradições, ganhou espaço a leitura alegórica dos textos religiosos em busca de significados possíveis. Por exemplo, estudiosos chegaram a propor que a narrativa do ser humano, macho e fêmea, capaz de dominar plantas e animais, que aparece logo no início do livro do Gênesis (1,27), seria "a visão dos nômades", preservada nesse relato da Bíblia. Já a segunda versão (Gênesis, 2 e 3), que fala da expulsão de Adão e Eva do Paraíso e do castigo que receberam (ter que plantar para sobreviver), foi uma versão aprendida com os agricultores mesopotâmicos. Sabemos disso, pois a Arqueologia descobriu escritos muito mais antigos do que a Bíblia, do terceiro milênio a.C., com uma história semelhante de criação do ser humano a partir do barro.

Houve, pois, uma mudança de perspectiva. Apenas com a revolução no conhecimento é que pôde surgir o interesse pelo estudo de antigos vestígios humanos muito anteriores à suposta criação do mundo poucos milhares de anos atrás, tal como deduzida de uma leitura literal e limitada da Bíblia. Abriram-se as portas para um passado muito mais longínquo no tempo.

Na Europa, o estudo dos antepassados dos povos europeus já existia por meio da leitura dos autores gregos e romanos que a eles se referiam. Os germanos haviam sido citados pelos gregos e, mais ainda, pelos romanos – como na obra clássica *Germânia* (cerca de 98 d.C.), do historiador romano Tácito (56-117). Os gauleses foram bem descritos pelo general romano Júlio César (100-44 a.C.) em sua *Guerra das Gálias* (cerca de 49 a.C.). No século XIX, além de textos como esses, começou-se a estudar os vestígios materiais, encontrados na França e na Alemanha, das culturas que passaram a ser chamadas de "proto-históricas" ("da primeira história").

Foi no século XIX que surgiu o conceito de "História" como uma ciência voltada para o estudo do passado a partir de documentos escritos. E convencionou-se que a invenção da escrita seria "o início da História". Em diferentes regiões do planeta, a escrita começou a ser usada em momentos distintos, pelo que a História começaria há 5 mil anos no Egito e na Mesopotâmia, e há 3 mil, na Grécia. O termo "Proto-História" referia-se ao primeiro momento em que se utilizava a escrita, mas também acabou sendo empregado com relação às sociedades que ainda não usavam a escrita (como no caso dos gauleses e dos germanos antigos), mas que haviam sido descritas por povos letrados.

E o passado ainda mais distante? Com o evolucionismo, começou-se a aceitar a ideia de que haveria restos muito mais antigos associados ao ser humano. Em 1856, no vale do rio Neander, perto de Düsseldorf, na Alemanha, encontrou-se a calota craniana de um homem primitivo, que ficou conhecido como o "homem de Neandertal". O rio Hundsklipp ("barranco do cachorro") havia mudado de nome em 1850 para homenagear um calvinista local, Neumann ("novo homem"), que havia mudado o sobrenome para sua tradução em grego: *neós anér*, daí Neander! Quando se encontrou no lugar o que os pesquisadores consideraram ser um novo tipo de homem, nada mais natural do que adotar o nome de Neander, o "novo ser humano". Em 1865, surgiam os termos Paleolítico (Idade da Pedra Antiga) e Neolítico (Idade da Pedra Recente). Abriam-se então mais portas para o estudo da Pré-História, definida como todo o imenso período anterior à invenção da escrita.

A Pré-História trata dos últimos 100 a 200 mil anos, período em que existe a espécie humana, o *Homo sapiens sapiens*, e também dos milhões de anos anteriores, em que existiram os hominínios, espécies que antecederam à nossa: 99,9% do passado, portanto. Apenas 0,1% do tempo da existência do homem e dos seus ancestrais na cadeia evolucionária corresponde ao período em que existe a escrita.

No continente americano, entretanto, a definição de Pré-História tem como referência tradicional o período anterior à chegada dos europeus ao continente, em fins do século xv. Os europeus chamaram a sua presença na América de "história" e reservaram para todo o período que veio antes o termo "pré-história", ainda que hoje se saiba que já antes da vinda dos colonizadores se usava a escrita na América. Os maias, civilização que se desenvolveu no México e na América Central, possuíam uma escrita muito elaborada, embora usada quase sempre em contexto religioso, decifrada de forma parcial. Os incas usavam um sistema de cordas para registrar eventos, chamado de quipo. Na verdade, muitos povos americanos tinham sistemas de registros comparáveis aos da escrita, como os povos nambiquaras e tupis – na forma de pinturas corporais, adereços e decorações de objetos –, como propôs o americanista britânico Gordon Brotherston (1939-).

Apesar disso, generalizou-se o uso do termo Pré-História da América para todo o período anterior a 1492, data da chegada de Colombo ao continente. Como se explica a continuidade desse uso do termo ainda hoje, sabendo-se que havia escrita entre os nativos antes dessa data?

Os conceitos de Pré-História na Europa e na América diferem muito, apesar de os pesquisadores dos dois lados do Atlântico usarem o mesmo termo. Isso é fácil de entender se buscarmos as origens desses estudos lá e cá.

Na Europa, a Pré-História foi sempre definida com referência à História, como o período anterior à escrita, estudado pelos "pré-historiadores", pesquisadores preocupados com os próprios antepassados europeus. Daí a busca dos antigos germanos, mas também dos antigos homens do Paleolítico, considerados, de alguma forma, seus antecessores.

Já no continente americano, o estudo da Pré-História surgiu em outro contexto. Nas Américas, a vinda dos europeus quase sempre significou o massacre e a escravização de ameríndios após duras batalhas e surtos epidêmicos e, mesmo quando e onde houve grande miscigenação, como no caso do Brasil, a referência dos estudiosos sempre foi a Europa e os europeus. A História era e, em certo sentido, continua sendo a História da civilização europeia (ou ocidental), não da indígena. O interesse pelo conhecimento da vida dos indígenas levou, no século XIX, ao surgimento de uma outra ciência, a Antropologia, voltada para o estudo de línguas (Linguística), sociedades (Antropologia social), costumes e tradições (Etnologia), características físicas (Antropologia biológica), cultura material antiga (Arqueologia) ameríndias. O estudo do passado dessas sociedades ficou por muito tempo a cargo de antropólogos especializados na análise dos vestígios materiais, os arqueólogos. Nesse contexto, portanto, no continente americano, adotou-se o termo Pré-História para se referir ao período anterior à chegada de Colombo ao continente.

E, neste livro, o que entenderemos por Pré-História do Brasil? Do nosso ponto de vista, não se pode fugir às definições correntes, mas, ao mesmo tempo, não se deve aceitá-las de forma acrítica. Separar a História da Pré-História pelo critério do "uso da escrita" é inconsistente, no caso da América; assim como é artificial caracterizar a Pré-História como o estudo das origens de "outros povos", pois, no caso do Brasil, ao menos um terço da população possui antepassados indígenas e, além disso, boa parte das nossas heranças culturais é ameríndia. Ademais, grande parte do que hoje constitui o Brasil ficou alheia ao mundo do colonizador, concentrado na costa: a maior parte da Amazônia (uma área imensa), mas mesmo o que chamamos de Centro-Oeste, até a recente Marcha para o Oeste, na década de 1930.

Por tudo isso, neste livro adotamos uma definição mais ampla e menos restrita e comprometida de Pré-História do Brasil, partindo das origens mais remotas (o que nos levará ao Velho Mundo), dos percursos pelo continente americano até o povoamento do território brasileiro, passando pelas culturas que aqui floresceram até chegarmos aos ameríndios contemporâneos. E essa Pré-História do Brasil compreende a existência de uma crescente variedade linguística, cultural e étnica, que acompanhou o crescimento demográfico das primeiras levas constituídas por umas poucas pessoas (centenas ou poucos milhares) que chegaram à região até alcançar muitos milhões de habitantes na época da chegada da frota de Cabral. Também precisamos compreender que, para que isso ocorresse, não houve apenas um processo histórico, mas também numerosos, distintos entre si, com múltiplas continuidades e descontinuidades, tantas quanto as etnias que se foram constituindo ao longo dos últimos 30, 40, 50, 60 ou 70 mil longos anos de ocupação humana das Américas.

Outro aspecto a ser levado em conta ao observarmos o passado mais antigo é a falta de consistência da separação geográfica do Brasil, já que as fronteiras atuais do nosso país eram irrelevantes para os antigos habitantes, que as desconheciam. Usamos, assim, uma delimitação apenas de forma didática, o território brasileiro, hoje. Isso também é o que se faz mundo afora, como nos estudos de Pré-História da Argentina ou de Portugal. Isso só se explica pelo quadro de leitores em cada caso, centrado nos cidadãos de determinado país, no nosso caso, do Brasil. Nesse aspecto, claro, faz todo sentido. Mas, convém não esquecer alguns aspectos geográficos. Em primeiro lugar, a América do Sul pode ser repartida entre terras altas, nos Andes, e as restantes terras baixas e os planaltos. Nas margens, o litoral atlântico, pacífico e caribenho. O contraste mais claro está entre Andes e terras baixas, e o Brasil inteiro está nestas últimas. Embora haja esses diferentes ambientes, a comunicação entre as terras altas e baixas e ainda o Caribe sempre se deu em termos de plantas, animais e seres humanos. Isso é muito importante para relativizar a ideia dos primeiros pesquisadores de que havia um isolamento ambiental e humano. De fato, animais, plantas e pedras de regiões muito distantes eram colocados em contato, e os próprios grupos humanos podiam não só estabelecer relações de longa distância, como também ter parentes em áreas muito distantes entre si. Evidências disso são, por exemplo, a presença de grupos linguísticos aruaques no interior do Brasil e no Caribe, rotas que ligavam o litoral atlântico aos Andes, como o Peabiru, ou o cultivo de mandioca da Amazônia ao Caribe e Mesoamérica. O milho, que parece ter surgido no sul do México 9 mil anos atrás, foi atestado na Amazônia 6.500 anos atrás, e há 4.000 anos atingiu o restante das terras baixas sul-americanas. Isso não é de se espantar, pois essas interações em imensas distâncias também ocorreram no Velho Mundo (África e Eurásia). No caso das Américas, do Alasca à Patagônia havia uma continuidade de contato físico, de modo que a circulação da vida era constante, mesmo que espalhada no tempo e no espaço. Importa reter, portanto, que o Brasil da Pré-História esteve sempre conectado ao restante do imenso continente americano. No nosso caso, os contatos globais eram entre toda a América, do Alasca à Patagônia, do Atlântico ao Pacífico.

E quanto aos vírus e às bactérias? No Velho Mundo, da África Austral à Sibéria, havia grande circulação e, consequentemente, certo grau de imunidade a vírus e bactérias de doenças transmissíveis, como varíola, sarampo, tifo, peste bubônica, febre amarela, rubéola, catapora, malária, pneumonia e gripes. Quando do contato de europeus e africanos com os ameríndios, houve uma grande mortandade causada por essas doenças, pois a imunidade dos ameríndios diante delas era muito mais baixa do que entre os que vinham do Velho Mundo. A maior imunidade do Velho Mundo na época explica-se pela maior difusão e por mais tempo desses microrganismos na vida urbana, pela domesticação de animais, pelas rotas marítimas, fluviais e terrestres de longa distância, o que favoreceu tanto a reprodução de doenças, como a crescente resistência que se desenvolveu na região. A partir de sua chegada ao continente americano, os vírus começaram a se espalhar também por aqui.

O mapa mostra o chamado Caminho do Peabiru (que significa caminho gramado, em tupi), usado pelos indígenas antes mesmo da chegada dos portugueses para ligar o litoral atlântico sul e os Andes, indicando conexões a longa distância durante a Pré-História.

COMO CONHECER A PRÉ-HISTÓRIA?

Podemos saber como viviam e o que pensavam os homens que existiram há milhares de anos? Seria possível determinar como se aconchegavam, como plantavam ou caçavam ou em que acreditavam? A resposta não é tão simples. Vamos, então, por partes.

Em primeiro lugar, é necessário refletir sobre quais são as nossas fontes de informação e quais as evidências que possuímos. A principal maneira de ter acesso ao passado pré-histórico é pelo estudo dos vestígios materiais que chegaram até nós. Os vestígios materiais associados aos homens são estudados pela Arqueologia, uma ciência voltada precisamente ao estudo do mundo material ligado à vida em sociedade. Por meio de prospecções e escavações arqueológicas, recuperam-se vestígios que podem nos informar sobre os mais variados aspectos da vida no passado.

Os restos materiais são de diferentes tipos, dependendo, em especial, das condições de preservação que os solos oferecem. Em geral, o que melhor se preserva são os artefatos feitos de pedra (também chamados de "líticos"), ferramentas usadas para as mais variadas tarefas e que, por isso, podem nos informar muito sobre a caça, a pesca, a agricultura e a tecnologia para transformar materiais brutos em bens manufaturados, para construir habitações ou para remodelar os terrenos onde eram instaladas aldeias e cidades. Em alguns casos, existem magníficas esculturas feitas em pedras – pequenas representações de animais e seres humanos – chamadas "zoólitos", objetos que não eram apenas funcionais, mas também possuíam um papel simbólico ou artístico, e que podem nos dizer algo sobre os valores e os gostos do grupo que viveu no passado e os produziu. Os líticos estão entre os mais importantes vestígios pré-históricos, tanto por acompanharem os homens por toda sua milenar existência quanto por se preservarem muito bem.

> **O QUE, DE FATO, FAZ O ARQUEÓLOGO?**
>
> É comum que se pense que os arqueólogos estudam o passado, mas essa ideia é incorreta. Arqueólogos estudam fenômenos do presente: os sítios arqueológicos e outros tipos de registros que viajaram pelo tempo, às vezes por milhões de anos, até os dias de hoje. Essa não é apenas uma distinção semântica, mas ela define de saída quais são as possibilidades e limitações que a Arqueologia oferece para o conhecimento do passado. O passado é um país estrangeiro, um território estranho, ao qual jamais poderemos retornar. Qualquer tentativa de reconstituí-lo será sempre especulativa, sujeita a variações de humores, interesses ou agendas.
>
> (NEVES, Eduardo Góes. A incipiência permanente: a Amazônia sob a insistente sina da incompletude. In: NAVARRO, Alexandre Guida; FUNARI, Raquel dos Santos (orgs.). *Memória, cultura material e sensibilidade*. São Luís: Paco Editorial/EDUFMA, 2021, p. 203.)

Quando nos referimos a "homens" ou "seres humanos", devemos esclarecer que esse termo se aplica à nossa espécie, chamada de *Homo sapiens sapiens*, surgida apenas entre 180 e 90 mil anos atrás, bem como a todos os outros hominínios aparentados ao homem que deixaram de existir. *Homo*, em latim, significa "humano", homem e mulher, daí que em português "homem" tenha sempre sido usado como genérico para ambos os sexos, mas o termo "ser humano" deixa isso ainda mais claro. Na classificação do reino animal, a primeira ordem dos mamíferos inclui o homem e os outros animais que possuem ascendência comum, como os macacos e os lêmures. Tais animais foram assim classificados já no século XVIII e seu rótulo, "primatas", significa que são considerados os primeiros na natureza, pois aí está a espécie humana. Segundo pesquisas mais recentes, os ancestrais comuns a homens e macacos mais antigos existiram há 8 milhões de anos. Por 6 milhões de anos – até uns 2 milhões de anos atrás –, existiram diversas espécies de primatas chamados de "pitecantropos", ou seja, homens-macacos (*ânthropoi-píthekoi*), talvez nossos antepassados. Conhecemos sua existência pela descoberta de fósseis africanos. Os principais pitecantropos conhecidos são os seguintes:

- 7 milhões de anos: *Sahelanthropus tchadensis*
- 6 milhões de anos (6.1-5.8): *Orrorin tugenensis*
- 5 milhões e meio de anos (5.8-5.5): *Ardipithecus ramidus kadabba*
- 4 milhões e meio de anos (4.4-4.2): *Ardipithecus ramidus ramidus*
- 4 milhões de anos (4.2-3.8): *Australopithecus anamensis*
- 3 milhões e meio de anos (3.8-2.7): *Australopithecus afarensis* (Lucy)
- 3 milhões e meio de anos (3.0-2.4): *Australopithecus africanus*
- 2 milhões e meio de anos (2.7-1.9): *Australopithecus aethiopicus*
- 2 milhões de anos (2.3-1.9): *Australopithecus boisei*
- 2 milhões de anos (2.0-1.0): *Australopithecus robustus*

A partir de 2 milhões e meio de anos, surgem as espécies do gênero *Homo* (homem):

- 2 milhões e meio de anos (2.3-1.9 milhões): *Homo rudolfensis*
- 2 milhões (2.0-1.6): *Homo habilis*
- 2 milhões (2.0-50.000 mil anos): *Homo erectus*
- 500 mil anos (500.000-200.000): *Homo heidelbergensis*
- 300 mil anos (300.000-28.000): *Homo neanderthalensis*
- 200 mil anos (200.000-presente): *Homo sapiens sapiens*

COMO ASSIM, PRÉ-HISTÓRIA DO BRASIL? 23

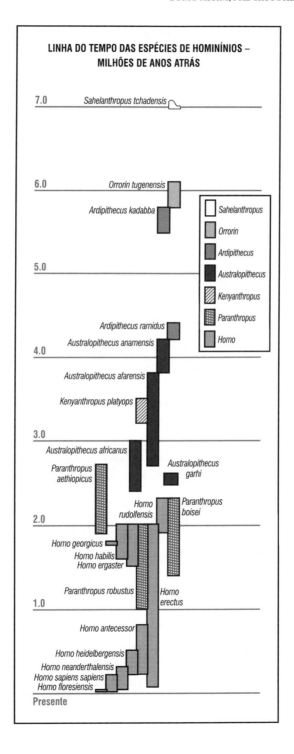

O termo "hominínio" é usado tanto para referir-se a essas espécies de animais chamados de *homo* (homem), como, em sentido amplo, para todos os antepassados do homem atual, inclusive os mais antigos pitecantropos. Os hominínios sempre se valeram de instrumentos de pedra e, por isso, diz-se que o homem é definido como o animal que faz uso de instrumentos, sendo os líticos seus artefatos mais antigos conhecidos por nós. Mas eles também utilizavam instrumentos de madeira (que infelizmente para os estudiosos não se preservam bem).

Podemos dividir a Pré-História, no sentido mais amplo do termo, em sete grandes períodos:

- 5 milhões-1 milhão: primeiros hominínios australopitecos, diversos primitivos do tipo *Homo*, na África Subsaariana;
- 1 milhão-200 mil anos: *Homo erectus*, *Homo sapiens arcaico*;
- 300 mil-60 mil anos: neandertal, humanos modernos na África, Ásia e Europa de média latitude;
- 60 mil-28 mil anos: neandertal final, *Homo sapiens sapiens* arcaico (homens modernos) na Eurásia;
- 100 mil-10 mil anos: homens de anatomia moderna, Eurásia, Austrália, Sibéria, Pacífico, Japão, América;
- 10 mil-1.500 d.C.: Ártico, oceano Índico, Pacífico Oriental;
- 1.500 d.C.-presente: Atlântico central, Antártida.

Atenção: o surgimento de espécies está sempre em discussão, seja em razão de novos achados arqueológicos, seja por divergência de interpretação entre os estudiosos. De acordo com as pesquisas mais recentes, nossa espécie, o *Homo sapiens*, parece ter surgido no continente africano há 300 mil anos, como mencionado. Acredita-se também que houve cruzamento de humanos e neandertais, como se constata hoje pela presença de DNA neandertal: maior em ameríndios e asiáticos (2%) do que entre europeus (1,5%) e menos ainda entre africanos (0,3%).

Além dos líticos, outro material que se preserva muito bem e constitui uma das principais fontes de informação sobre o homem pré-histórico é a cerâmica, os artefatos feitos de barro cozido – ainda que o uso da cerâmica seja muito mais recente do que o da pedra, atingindo um máximo de 12 ou 13 mil AP (Antes do Presente, equivalente a "antes de 1950", como se costuma usar no estudo da Pré-História). O homem aprendeu a coser o barro há apenas alguns milhares de anos, e a introdução de seu uso variou de um lugar a outro, de modo que a fabricação da cerâmica pode ser mais antiga em um lugar do que em outro. A cerâmica preserva-se bem, mas quebra-se com certa facilidade, o que pode levar os arqueólogos à recuperação de fragmentos mais ou menos completos de recipientes diversos, estatuetas ou tabuletas com variados tipos de escrita. A cerâmica pode nos informar sobre como as pessoas armazenavam produtos ou como comiam, mas, em alguns casos, a forma e a decoração também podem nos dar indicações a respeito da simbologia e dos valores sociais adotados.

Pinturas e gravuras, feitas nas paredes de cavernas ou em outras pedras, conhecidas como rupestres, são também evidências materiais que muito podem nos dizer sobre o passado pré-histórico. Algumas delas, como veremos adiante, representam humanos e animais, e nos mostram como se pescava e caçava, assim como retratam rituais e festas, constituindo uma fonte de informação inigualável. Outras representam uma imensa diversidade de signos abstratos, a maioria ainda com significado enigmático para pesquisadores e apreciadores.

Muito menos frequentes nos achados arqueológicos – por não se preservarem bem –, mas de igual importância para os pesquisadores, são os artefatos feitos pelo homem com ossos de animais, madeira ou outros materiais mais perecíveis.

O conjunto das informações resultantes de artefatos produzidos ou apenas utilizados pelo homem, bem como os locais que transformavam para habitar, é considerado a sua "cultura material".

Além da cultura material, existem outras importantes fontes de informação para os pesquisadores, como é o caso dos restos de esqueletos humanos, que podem ser estudados por meio de diversas técnicas e abordagens. A partir de análises desses restos, podemos descobrir quais doenças afetaram um indivíduo específico, com que idade morreu, quais as suas características morfológicas (estatura, peso estimado). Por meio de análises físico-químicas, podemos saber a antiguidade do esqueleto encontrado e, pela análise genética, podemos relacioná-lo a um ou outro grupo humano conhecido (como o dos asiáticos ou o dos africanos) e ainda determinar seus graus de parentesco com outros esqueletos do mesmo sítio arqueológico ou da mesma região.

Outras informações advêm do contexto arqueológico em que se encontraram os vestígios antigos. A planta de uma aldeia pré-histórica, por exemplo, com os indícios da localização das antigas habitações e das suas formas (circulares, retangulares etc.) e dimensões, pode nos dizer muito sobre como era uma aldeia concreta e, comparando-se diversas plantas de aldeias, podemos relacionar umas às outras. Os arqueólogos também se interessam pelas chamadas "áreas de atividade", locais onde eram realizadas as tarefas mais diversas, como cozinhar, elaborar artefatos e bens diversos, estocar objetos e alimentos e outras mais.

Vestígios de pequenas dimensões, muitas vezes visíveis apenas com o auxílio de lupas e microscópios, também são estudados, a exemplo dos restos alimentares. Certas evidências e manchas com colorações distintas da cor do solo do sítio arqueológico, percebidas só com estudos químicos e geoquímicos, são também analisadas para se definir quais materiais se decompuseram naqueles espaços e que tipo de atividades foram ali realizadas. A sucessão dos vestígios mostra como mudaram os artefatos e a forma do assentamento, com o passar do tempo.

Instrumentos líticos pré-históricos, como machados, provenientes de Olinto da Macedônia, Grécia, no Museu de Tessalônica. Em todos os continentes e por milhões de anos predominaram os artefatos de pedra.

Para datar vestígios, usam-se diversas técnicas em laboratório, como o carbono-14 e a termoluminescência. A datação por meio do carbono de material orgânico é feita partindo quantidade de carbono-14 radioativo que contém o fóssil, a madeira carbonizada ou os ossos encontrados. Esse método é empregado para datações de até 70 mil anos. Para períodos mais longínquos, analisam-se também substâncias como o urânio e o potássio radioativos. A termoluminescência permite datar materiais inorgânicos, como cerâmica, por meio da medição da quantidade de luz que eles liberam quando esquentados em aparelhos especiais; essa técnica tem sido bastante empregada. A luz síncrotron também tem sido utilizada para examinar nanopartículas e funciona como um grande microscópio que – ao revelar a estrutura molecular, atômica e eletrônica dos mais diversos materiais – permite pesquisas sobre origem e outras características. No Brasil, o Laboratório Nacional de Luz Síncrotron Sirius, em Campinas, o mais moderno e eficiente da América Latina, tem possibilitado o estudo de materiais pré-históricos.

Além dos vestígios materiais, o estudo da Pré-História no nosso continente americano, em particular, conta com outros recursos, como o estudo dos documentos históricos que se referem aos ameríndios desde os primeiros séculos da colonização europeia, os quais nos descrevem a vida e os costumes de numerosos povos da época. Há que se ter cuidado, entretanto, com as distorções, voluntárias ou não, de seus autores, pois muitos não conseguiam compreender bem o que viam e, além disso, pautavam-se por critérios bastante diferentes dos científicos de hoje para considerar os povos indígenas. Com relação aos povos nativos encontrados, os europeus estavam interessados em escravizá-los ou catequizá-los e, mais raro, em fazer alianças, o que faz com que todo relato elaborado nessas bases deva ser lido com o devido espírito crítico. Tais relatos constituem, de todo modo, uma importante fonte de informação, por exemplo, o do francês André Thevet (1516-1590) sobre o que chamava de "França Antártica" (1557).

A comparação entre grupos étnicos, chamada de "analogia etnográfica", é, também, metodologia útil para se interpretar as sociedades extintas. Em alguns casos, como veremos adiante ao tratar dos guaranis, ainda existem grupos étnicos relacionados de maneira direta àqueles pré-históricos, e mesmo a sua comparação com povos de outros continentes e de outras épocas pode se mostrar útil para o avanço do conhecimento pré-histórico.

Todas essas fontes de informação mencionadas, contudo, não serviriam para nada se não dispuséssemos de teorias que nos permitissem apresentar hipóteses sobre sua articulação. Na verdade, a utilidade das próprias fontes de informação depende da maneira como nós as percebemos e "inventamos". Um arqueólogo, Michael Shanks (1959-), lembrou há alguns anos que "inventar" deriva do verbo latino *inuenire*, "ir ao encontro", ou seja: "descobrir" e "inventar" seriam duas faces de uma mesma atividade mental. Um pouco de carvão pode ser interpretado como restos de uma fogueira feita pelo homem, assim como pode ser considerado simples resquício de um incêndio natural, sem intervenção humana. Se o carvão está ao lado de instrumentos de pedra, perto de vestígios de uma habitação, esse contexto arqueológico permite supor que se trata de uma fogueira feita pelo homem. Se, ao lado do carvão, só encontramos restos de vegetação, podemos supor que se trata de uma fogueira natural, sem intervenção humana. Não basta, portanto, datarmos o carvão, precisamos constatar que se trata de algo relacionado ao ser humano ou não. Diante dos mesmos elementos, diferentes estudiosos podem chegar a conclusões opostas, o que modifica muito a "informação". Há datações muito antigas de carvões no Brasil, como 50 mil AP, mas diferentes arqueólogos têm proposto interpretações divergentes sobre essa "evidência". O mesmo se passa com certas pedras, interpretadas por alguns arqueólogos como artefatos feitos pelo homem, ou seja, líticos, enquanto outros as interpretam como simples objetos nunca tocados pela mão humana no passado. Devemos concluir, portanto, que as próprias fontes de informação só podem ser interpretadas com o auxílio de metodologias sempre marcadas por uma certa dose de subjetividade e de divergência científica legítima.

Além disso, a articulação dessas informações elaboradas pelos estudiosos também depende de teorias. Quando encontramos vasos de cerâmica, com a mesma datação e com os mesmos processos de manufatura em muitos sítios arqueológicos espalhados por uma grande área, podemos interpretar isso de diversas maneiras: um mesmo povo estaria espalhado por essa área; a troca teria levado os vasos de cerâmica para diferentes povos; os vasos foram produzidos por diversos povos que aprenderam e gostavam de empregar tais técnicas de produção. O próprio conceito de "sítio arqueológico" é flexível, depende do ponto de vista do estudioso. O arqueólogo australiano Gordon Childe (1897-1957) definia, há mais de 70 anos, "sítio" como um lugar onde se encontram vestígios humanos inter-relacionados e que indicariam atividades humanas específicas, como habitações, túmulos, fontes de matéria-prima, santuários, destinadas, cada qual, à moradia, ao enterramento, à obtenção de materiais e ao culto religioso. No entanto, um conjunto de habitações e santuários pode estar numa cidade, considerada um grande sítio arqueológico (como Pompeia, na Itália). Em se tratando de sociedades antigas, em especial quando há poucas ou nenhuma fonte escrita, tanto maior será o peso de metodologias e teorias explicativas. É por isso que, no decorrer deste livro, somos levados a apresentar diversas interpretações sobre distintos aspectos das sociedades pré-históricas. Os estudiosos apresentam reconstruções do passado às vezes conflitantes e contraditórias, e caberá ao leitor formar seu próprio juízo sobre os temas tratados. Os autores deste livro também têm seus pontos de vista e estes estarão claros ao longo do texto, mas nem por isso privaremos nossos leitores dos argumentos dos variados estudiosos da Pré-História. Esclarecemos ainda que as citações de obras especializadas apresentam pequenas adaptações para facilitar a compreensão dos leitores, sem alterar a substância do original.

Caça, um estilo de vida

A maioria dos carnívoros possui características morfológicas que facilitam a caça, como determinada força muscular e dentição apropriada. Mesmo os carniceiros, especializados no consumo de carne de animais em decomposição e caçados por outras espécies de carnívoros, possuem particularidades, relacionadas à dentição e à capacidade de digestão da carne. Assim, tal capacidade de digerir, seja carne fresca, no caso dos caçadores, seja carne em decomposição (necrofagia), é indispensável e constitutiva de cada espécie que consome esse tipo de alimento.

A relação alimentar dos seres humanos com outros animais começou com os primeiros hominínios e essa experiência de milhões de anos foi muito importante, não apenas nos aspectos biológicos e comportamentais, mas também nos subjetivos e espirituais. Já há 3 milhões e 500 mil anos, há evidências arqueológicas de que os primatas consumiam carne, e a necessidade de proteínas para a função cognitiva parece ter aumentado com o passar dos milhares de anos e o surgimento de novas espécies de antropoides (ou hominínios, outro termo que se pode usar).

Muito cedo os hominínios tornaram-se onívoros, comendo tanto vegetais e frutas quanto carne. Ainda que muitos animais, de pássaros a répteis e mamíferos, também sejam onívoros, os antropoides têm uma particularidade que os distingue desses outros animais: o desenvolvimento apenas parcial dos atributos físicos necessários para a caça em benefício de aspectos de cooperação que facilitam a coleta de alimentos vegetais e, em particular, do aproveitamento de carne de animais mortos e da caça de animais vivos (aves, insetos, mamíferos, répteis, peixe e outros). À falta de atributos físicos típicos de outros predadores, os hominínios adicionaram a proteína animal à sua dieta por meio da cooperação grupal, de modo que, desde há milhões de anos, essas espécies desenvolveram uma determinada sociabilidade, muito especial, voltada para a alimentação, a sobrevivência e a reprodução. Claro está que muitas espécies gregárias também dependem da cooperação para sobreviver. Mas nos antropoides essa característica adquiriu relevância única em virtude da ligação entre a capacidade cognitiva e comunicativa, parte da cooperação, e a sobrevivência, por meio dos métodos específicos que usavam para obter alimentos. Há, pois, nesse caso, para além dos essenciais aspectos fisiológicos, um componente estrutural profundo no consumo da carne: a sociabilidade.

Essa característica, datada de milhões de anos, acentuou-se com o tempo e, em especial, entre a espécie *Homo sapiens*, atestada há milhares de anos, talvez 190 mil anos em termos morfológicos e 45 mil pela análise genética. "Talvez" porque não se sabe com precisão a antiguidade da espécie humana. A perspectiva baseada nos esqueletos tende a privilegiar uma datação mais antiga, e a perspectiva genética favorece uma datação mais recente. Em termos comportamentais, contudo, isso não é tão relevante. Basta ter em mente que, por milhares de anos, mais de 90% do tempo da existência da espécie, o *Homo sapiens* baseou sua alimentação e sua sociabilidade na mescla do consumo de plantas selvagens e de animais, aumentando cada vez mais sua dependência da cooperação e do desenvolvimento de ferramentas. A ligação entre o consumo de carne, a capacidade intelectual e a cooperação acentuou-se de forma exponencial com o *Homo sapiens* também graças à difusão do uso do fogo e do cozimento para o consumo mais rápido e eficaz da proteína animal. O *Homo sapiens* como caçador-coletor (197.000 AP-5.000 AP) fundou sua sobrevivência e vida social na atividade da coleta, subsidiária e complementar, e, prioritariamente, na atividade da caça. Nos primeiros milhares de anos da espécie humana, a cooperação, presente há milhões de anos, solidificou-se nessa prática coletiva de grande intensidade que era a caça.

Espécies que caçam de forma coletiva precisam estar constantemente atentas e serem capazes de coordenar suas ações. Na espécie humana, satisfazer essa exigência adquiriu aspectos notáveis, ao envolver comunicação e atuação concatenadas em atividades de caça que foram ganhando complexidade com o tempo. Assim, o desenvolvimento da capacidade de comunicação foi extremamente importante para o aprimoramento da coordenação da ação conjunta. Não é possível saber quando se inicia a linguagem oral, mas, pelas evidências arqueológicas das representações rupestres, ela deve ser muito antiga, desde ao menos 45 mil anos e talvez bem mais. De qualquer modo, não parece muito arriscado afirmar que a comunicação oral, cuja complexidade é única na espécie humana, esteve imbricada com a caça desde os primórdios do *Homo sapiens*.

A caça envolve risco e violência, o que pode implicar efeitos psicológicos, como a satisfação sentida após o sucesso na caçada que incluía medo e excitação. Já a alimentação implica o reconhecimento e a prática de um grande grau de solidariedade grupal, na medida em que nem todos podem participar diretamente do esforço de caça (crianças, idosos e doentes), mas também são considerados parte do grupo, têm outras funções e se beneficiam do alimento decorrente desse esforço.

Não se pode saber ao certo em que medida as mulheres atuavam presencialmente no momento da caça, mas é possível supor que, à exceção das grávidas e daquelas com filhos muito pequenos, as mulheres contribuíssem de alguma maneira, pois a presença feminina na atividade da caça é atestada em cenas pintadas em cavernas e também em grupos humanos de caçadores-coletores atuais. De uma forma ou de outra, portanto, podemos dizer que todos os indivíduos tomavam parte nesse hábito sanguinolento da caça e consumo de carne. Assim, os humanos desenvolveram habilidades encontradas nos demais carnívoros, como a força e a agilidade necessárias para, com as mãos ou com o uso de artefatos, matar os animais, além de esviscerar, cortar e separar as partes do animal abatido. Lanças, pontas de flecha, cortadores de pele e demais ferramentas do tipo são exemplos dessa especialização do *Homo sapiens*, ocorrida durante dezenas de milhares de anos. Intempéries ressaltaram também a importância da caça como forma de aquisição de peles de animais que pudessem proteger do frio esse primata desprovido de muitos pelos no corpo.

Por tudo isso, a dependência humana da caça acabaria adquirindo aspectos simbólicos marcantes. Não por acaso, nas pinturas rupestres mais antigas e por milhares de anos, dominaram as representações de animais a serem caçados e consumidos.

Foi apenas após a mais recente glaciação (108.000-11.700 AP) que as condições climáticas se aproximaram, de forma gradativa, das atuais, do Holoceno (11.700 AP até o presente). Isso acarretou mudanças climáticas profundas, com o recuo das geleiras para o norte e para sul nos dois hemisférios, assim como a criação de áreas desérticas onde antes eram regiões úmidas, como no caso mais notável do deserto do Saara. Esse novo ambiente favoreceria mudanças de comportamento dos humanos, levando-os à agricultura, à cerâmica e à vida urbana. Isso tudo ocorria conforme saíamos da última glaciação e o planeta esquentava, há 11.700 anos.

Há indícios de que foram tais mudanças climáticas que dificultaram a caça em áreas que passaram a conviver com a escassez de água. Para aproveitar a presença de veios d'água, os humanos acabariam desenvolvendo a agricultura. Neste sentido, o que pode parecer uma evolução (da caça para a agricultura como atividade principal para a sobrevivência) deveu-se em grande parte a mudanças forçadas por pressões ambientais.

A domesticação de plantas para o cultivo – reconhecidamente um desenvolvimento tecnológico – levou a uma nova revolução comportamental: a vida sedentária. Esse processo foi chamado de "revolução neolítica" e, depois, de "revolução urbana", pelo pioneiro arqueólogo australiano Vere Gordon Childe (1892-1957). A cerâmica relacionou-se à agricultura em razão das necessidades de armazenamento e cozimento dos alimentos vegetais. A domesticação de animais para abate substituiria, nesse novo contexto, a carne de caça no cotidiano.

Esse processo foi muito desigual, mais precoce em alguns lugares, e não foi tão óbvio e linear como pode parecer. A agricultura permitiu o desenvolvimento de aldeias e cidades. E, mesmo depois do surgimento de cidades, a caça continuou a prevalecer como atividade prioritária em muitos locais. De todo modo, a explicação que relaciona agricultura à vida sedentária e à urbanização continua válida.

A criação de animais como fonte substituta da proteína da caça também se ampliaria, em particular no Velho Mundo (África, Ásia e Europa), mas também nas Américas, configurando uma imensa área de continuidade territorial e de contatos não só humanos, como também de espécies animais e vegetais.

O surgimento das cidades e da escrita pelo fim do quarto milênio a.C. na Mesopotâmia e no vale do rio Nilo produziria registros de narrativas, algumas das quais chegaram até nós. Seu conteúdo pôde ser conhecido a partir do século XIX, quando esses textos começaram a ser decifrados pelos estudiosos. Com isso, ficamos sabendo que a caça não deixou de ser praticada e continuou a ser valorizada no imaginário coletivo. No início do III milênio a.C., tanto na Mesopotâmia, com os sumérios, quanto no Nilo, com os egípcios, há evidências iconográficas e literárias da prática da caça. Ela, contudo, havia mudado de características. Nos milênios dos caçadores, essa atividade, como vimos, era coletiva e envolvia, de uma forma ou de outra, todas as pessoas. Nas sociedades em que passou a haver diferenciação de classe, com o poder centralizado e o desenvolvimento do Estado, apenas a elite podia dedicar-se à caça, como sinal de distinção social e prestígio, enquanto as pessoas comuns deviam contentar-se com a criação de animais. A caça não estava mais acessível aos pobres, que trabalhavam no campo o dia todo e não tinham tempo nem ferramentas adequadas para praticá-la. Houve, pois, uma divisão entre a maioria que tinha de se resignar à criação e ao abate de animais mansos e uma minoria que podia praticar um tipo de caça que envolvia recursos econômicos e disponibilidade de tempo.

O continente americano também conheceria sociedades urbanas, na Mesoamérica, nos Andes, mas também em outras partes, como na Amazônia. O uso da escrita pelos maias, bem como sua rica iconografia, atesta a importância da caça nesse contexto de sociedades estratificadas, agricultoras e imperialistas. Como em outros lugares, a caça nunca deixou de ser praticada, mas adquiriu sentidos de diferenciação social. Em termos simbólicos, a valorização do consumo de proteína animal e da caça foi aprofundada, pois o que antes era tido como garantido para todos passou a ser um privilégio.

Com a agricultura, mesmo nas sociedades urbanas, as pessoas comuns passaram por um empobrecimento da dieta, na forma de consumo prioritário de cereais, em detrimento de uma alimentação mais frequente de carne prevalecente entre os caçadores e os coletores. Nas sociedades agrícolas, o consumo de carne passou a ser reservado a reis e sacerdotes, com a distribuição apenas esporádica de restos de sacrifícios de animais, em templos, para a população comum.

O consumo mais limitado de proteína animal debilitou a saúde das pessoas, assim como a dentição, pouco adaptada a triturar cereais, era desgastada de maneira mais rápida. A própria vida urbana levou a riscos para a saúde de todos, elite ou pessoas comuns, em particular pela facilidade de difusão das doenças derivadas da vida em aglomerações com contato diário e das condições de saneamento precárias. Há, pois, evidências de que a vida urbana introduziu fatores de risco inexistentes no momento anterior a ela.

Outro aspecto relacionado à mudança climática refere-se ao conflito entre grupos humanos. Há evidências de guerras na espécie humana anteriores ao Holoceno, mas são menos frequentes e prováveis do que foi permitido pela vida sedentária. A caça exige muito esforço coletivo e deixa menos oportunidade para a guerra. A agricultura e a hierarquização social acabam estimulando a ambição e a guerra, que assume uma função social que não tinha entre os caçadores-coletores. A violência dos caçadores era canalizada para a morte da presa; os membros do grupo humano eram solidários, pois tinham que cooperar uns com os outros. Já a violência da civilização volta-se para os membros de outros grupos da própria espécie humana, de modo que o sangue humano, em grande parte, substitui o da caça, ainda que não sirva, na maioria dos casos, como alimento. Assim, podemos dizer que, em certo sentido, a guerra substitui a caça, ainda que a função seja outra, mobiliza violência de forma semelhante. Da cooperação dos caçadores, segue-se, com a agricultura, à luta entre grupos humanos. Sacrifícios de inimigos capturados, atestados em diversas épocas e culturas, adquiriram características de rituais de substituição da caça. Os sacrifícios humanos entre os maias seriam um bom exemplo. Isso permite introduzir a observação de um aspecto simbólico importante: a religiosidade.

O aspecto religioso ligado à caça já estava presente, segundo alguns estudiosos, nas imagens mais antigas de animais de caça feitas pelos humanos nas paredes das cavernas, como imagens propiciatórias. Não é possível saber com certeza, mas há indicações abundantes, tanto antropológicas no presente, quanto nas evidências do passado, da importância simbólica dos animais, primeiro caçados e, depois, domesticados e consumidos. Há também recorrentes referências mitológicas à caça, assim como rituais ligados a ela nas mais variadas culturas. Estudiosos constataram em diversas culturas do passado e mesmo de hoje mais de 50 divindades especializadas em caça, com destaque para culturas caçadoras, como, no continente americano, a esquimó ou a inuit (que têm ao menos sete divindades, seis deusas e um deus relacionados à caça). Segundo algumas interpretações, rituais de sacrifício de animais em altares se relacionam à substituição da morte da presa na caça, seguida de divisão da carne entre as pessoas, a partir do contexto agrícola, no qual a caça passou a ser apanágio de classe, da elite com recursos para tanto, como vimos. Isso fica mais evidente ao observarmos que, nas sociedades de caçadores, não há evidência desse tipo de ritual, presente, contudo, nas agrícolas. Os maias, por exemplo, sacrificavam ritualmente animais caçados ou domésticos, como pumas e cães. Os indígenas cintas-largas ainda hoje matam a vítima animal num ritual festivo, levando-nos a pensar que durante o longo período pré-histórico devia ocorrer o mesmo.

Devido à importância do consumo de carne, inclusive simbólica, várias culturas acabariam por desenvolver regras e até tabus em relação a comer carne e também ao modo de tratar os animais. No geral, essas regras e tabus seriam seletivos e não generalizados, de modo a distinguir, por exemplo, entre animais consumíveis e animais preservados, como ocorre ainda hoje nas tradições hebraicas, muçulmanas, indianas e ameríndias. Por exemplo, há tribos ameríndias (hoje) que comem animais adultos, mas não as crias. O tabu alimentar em relação à caça e à carne de animais em cativeiro é, pois, regido por regras, antes que vedado de forma geral. De todo modo, mesmo que identifiquemos características gerais no estilo de vida de grupos humanos caçadores, não podemos abrir mão de tentar conhecer suas particularidades, parte de sua riqueza cultural.

Os primeiros habitantes

O pensador contemporâneo romeno Elie Wiesel (1928-2016) tem uma bela frase sobre a origem do homem: "Deus criou o homem porque gostava de ouvir histórias". De fato, o homem é um animal que gosta de contar (e de ouvir) histórias. O que são os romances e os contos, as telenovelas e os filmes, os desenhos animados e as peças de teatro, senão narrativas? Também o passado só adquire forma como uma narrativa, em um entrelaçar de dados e argumentos sobre a sucessão dos acontecimentos. Quanto mais recuamos no passado, tanto maior será a importância do relato, quase como se fosse uma viagem, imaginada e contada pelos estudiosos. Neste capítulo, apresentaremos diversas narrativas sobre os habitantes mais antigos do nosso continente. Quais as mais verossímeis? Sigamos as principais delas e, ao final, o leitor poderá formar uma opinião bem fundamentada.

O HOMINÍNIO NO BRASIL

Há 4 milhões de anos, muito antes do surgimento do homem moderno (*Homo sapiens sapiens*), já perambulava pela face da terra o *Ramapithecus*, um provável hominínio ancestral do ser humano. O *Ramapithecus* vivia em latitudes tropicais e em algumas zonas temperadas de baixa altitude, ao longo da Linha do Equador. A arcada dentária dele é muito semelhante à do homem moderno e contrasta com a do chimpanzé, primata que utiliza muito seus caninos salientes na alimentação, para dilacerar e dividir o que ingere.

Por que a arcada do *Ramapithecus* não tem dentes tão funcionais? Darwin havia formulado, em suas obras evolucionistas, a hipótese de que órgãos e estruturas físicas que perdem sua função tendem a diminuir de tamanho. Assim, os dentes teriam diminuído em razão de os caninos já não serem tão usados. Mas por que os dentes caninos não eram mais tão utilizados? Como então o *Ramapithecus* conseguia macerar os alimentos, sem o uso desses dentes? A utilização de instrumentos de madeira e pedra teria permitido isso. O que caracteriza, portanto, os mais antigos hominínios ou antropoides é o uso de instrumentos, que ocasionaram, no largo prazo, modificações na própria estrutura do esqueleto humano e, também, da musculatura.

Maria Conceição Beltrão (1934-), geóloga e arqueóloga do Museu Nacional do Rio de Janeiro, interroga: por que, se o *Ramapithecus* estava presente em um cinturão à volta da Linha do Equador na Eurásia e na África, ele não teria habitado também a área tropical do continente americano? Por que as Américas seriam uma exceção? A resposta de Beltrão para essas indagações é aceitar que também no Brasil tenha vivido o *Ramapithecus*. Essa ousada ideia de Beltrão torna-se mais concreta quando a arqueóloga propõe a hipótese de que o *Homo erectus* tenha colonizado o continente americano.

Costuma-se chamar de *Homo erectus* um determinado grupo de hominínios arcaicos, como o *Sinanthropus* (homem de Pequim) e o *Pithecanthropus* (homem de Java), entre outros, todos espécies do *Homo erectus*, o qual surgiu há mais de 1 milhão e meio de anos, tendo existido até há uns 300 ou 400 mil anos. Era capaz de fabricar utensílios e dominar o fogo; o tamanho de seu crânio e o respectivo volume cerebral já se aproximavam daqueles do homem moderno atual, da nossa espécie, mas seus ossos eram mais robustos, com estatura comparável à dos seres humanos atuais (entre 1,5 e 1,7 metro). Como muitos primatas, o *Homo erectus* era um viajante e contava com meios para deslocar-se de seu hábitat original, nos trópicos, para latitudes temperadas, já que dominava o fogo e a fabricação de artefatos de pedra.

Como o *Homo erectus* teria chegado, proveniente da Ásia ou da África, à América do Sul? Há muito que se imagina que a entrada de espécies, entre as quais as dos ancestrais do homem moderno, no continente americano, tenha-se dado pelo estreito de Bering, local onde quase se encontram Ásia e América do Norte e que, nos períodos de glaciação, une pelo gelo os dois continentes. Mamíferos teriam feito essa travessia e, entre eles, poderia estar o *Homo erectus*. Outra possibilidade para a chegada seria a existência de uma ponte gelada que teria unido, em alguma época, a África à América do Sul. Até aqui, porém, tem-se mencionado *a possibilidade de presença* desses primatas: quais seriam as *evidências* que dariam sustentação a tal afirmação?

No interior do estado da Bahia, no município de Central, Beltrão e sua equipe escavaram o sítio "Toca da Esperança", na realidade um conjunto de três grutas, onde encontraram fogueiras, artefatos ósseos e líticos, com datações muito antigas, assim como vestígios de animais extintos há milênios. A "Toca" teria sido ocupada entre 1 milhão e 130 mil AP, com indicações de que os seus habitantes usavam roupas e alimentavam-se de cavalos e de tutano. Os argumentos em defesa da hipótese da presença do *Homo erectus* são, portanto, os seguintes:

- há artefatos líticos (ou seja, feitos pelo homem);
- os líticos são de quartzito, matéria-prima que não se encontra no lugar e que teria ali chegado pela mão do *Homo erectu*s; e
- a fauna não teria chegado à gruta, de difícil acesso, sem a ação humana.

Os três argumentos citados são, contudo, questionáveis e foram, de fato, postos em dúvida por outros estudiosos. O que são líticos para Beltrão e sua equipe são vistos como simples pedras por outros arqueólogos. A presença de quartzito e de animais, argumenta-se, poderia se explicar por fatores naturais, já que blocos de quartzito podem ter sido transportados para o local pelos condutos calcários depois da erosão da cobertura da "Toca" e os ossos podem ter chegado transportados por condutos a partir de outra entrada ou ter sido trazidos por tigres-dentes-de-sabre.

De fato, a grande maioria dos pesquisadores ainda não leva muito a sério a possibilidade de um homem pré-*sapiens* nas Américas, e isso por dois motivos: em primeiro lugar, pela falta de dados concretos. Apenas a publicação de novas evidências, provenientes de diversos sítios, com informações muito claras, permitiria determinar com mais consistência a presença de vestígios de primatas antigos no continente americano. Mesmo uma ciência que depende, às vezes, de pouquíssimos restos, como a Arqueologia pré-histórica, baseia-se no acúmulo de dados e alguns poucos achados não bastam para convencer os estudiosos. Em segundo lugar, há objeções de ordem lógica como: por que esses antigos primatas teriam deixado seus ambientes para aventurar-se por regiões geladas?

O SURGIMENTO DO *HOMO SAPIENS SAPIENS* E SUA CHEGADA À AMÉRICA

Todos os homens modernos que vivem hoje no mundo fazem parte de uma única espécie, a do *Homo sapiens sapiens*. Quando teria surgido essa nossa espécie, e onde? Há duas maneiras de buscar informações e de tentar responder a essas perguntas: por meio da Genética e da Paleontologia. Juntando-se ambas as vias de pesquisa, os estudiosos têm proposto uma origem africana recente para o *Homo sapiens sapiens*. Essa ideia opõe-se àquela visão que sustenta que os seres humanos modernos (nós) teriam evoluído de forma independente em diferentes áreas da Eurásia e da África. Florentino Ameghino (1853-1911), estudioso argentino do século XIX, havia sustentado que o homem moderno teria surgido na Argentina e dali se espalhado pelo mundo. Essa proposta foi contestada e abandonada nas primeiras décadas do século XX. Hoje, a visão predominante defende uma origem humana única, na África.

Quando surgiram os primeiros homens modernos? Não se sabe ao certo, porém ficou constatado que já havia *Homo sapiens sapiens* fora da África, na Palestina, há 92 mil anos. Cientistas analisaram o DNA mitocondrial – material genético em uma célula que passa sem modificações de mãe a filho – de indivíduos de diversas partes da Terra e concluíram que todas as pessoas são, em última instância, originárias da África. De fato, hoje a maioria dos estudiosos considera que o *Homo sapiens sapiens* – que, como foi explicado, surgiu apenas na África – não seria muito anterior a 130 mil AP, ainda que já se proponha até 300 mil anos AP. No período entre 60 e 40 mil AP, teria surgido a grande maioria das manifestações e das habilidades humanas, como a arte, os enfeites do corpo, os enterramentos de mortos, as viagens marítimas e, talvez, a linguagem falada. A emigração do *Homo sapiens sapiens* teria ocorrido entre 80 e 25 mil AP, com uma data média provável de 52 mil AP. O *Homo sapiens sapiens* teria chegado à Oceania há mais de 50 mil AP.

HUMANOS MIGRANTES E MISTURADOS

Em 2022, o arqueólogo e pré-historiador francês Jean-Paul Demoule (1947-) lançou o livro *Homo migrans: de la sortie d'Afrique au grand confinement* (O ser humano migrante: da saída da África ao grande confinamento). A obra, que defende a ideia de que a migração é inerente aos seres humanos, alcançou grande repercussão assim que foi publicada. Em um trecho da entrevista dada à revista *Le Point*, de 25 de março de 2022, o autor ressalta também a mescla, tanto biológica, como cultural, que faz parte da história humana.

> "Revista: Você demonstra no seu livro que o *Homo erectus* (assim como, mais tarde, o *Homo sapiens*) devia ser chamado de *Homo migrans*, o humano que migra, de tanto que ele se move!
>
> Demoule: Verdade! A História humana é muito marcada pelo movimento e, sem esses grandes fluxos, fonte de misturas, nosso destino não seria o mesmo. Essas andanças constantes são uma característica humana. Claro, existem outros animais migrantes, mas eles seguem em geral um ritmo ligado às estações do ano. No nosso caso, essas grandes viagens foram sem retorno. Deixaram traços disso em todas as épocas, como mostra a Paleogenética, mas também o estudo estilístico e a análise dos materiais de uma grande variedade de artefatos arqueológicos.
>
> (DEMOULE, Jean-Paul. Qui a peur des migrations?. Entrevista a Baudouin Eschapasse. *Le Point*, Paris, 25 mar. 2022. Disponível em: <https://www.lepoint.fr/culture/jean-paul-demoule-qui-a-peur-des-migrations-25-03-2022-2469568_3.php>. Acesso em: 6 out. 2022.)

Costuma-se dividir a Pré-História nos seguintes períodos, a partir de um ponto de vista europeu construído na primeira metade do século XX, quando ainda se conhecia muito pouco o passado nos demais continentes:

- *Paleolítico ou período da Pedra Lascada*: 2 milhões a 130 mil anos atrás (hominínios);
- *Paleolítico Médio*: 130 a 35 mil anos atrás (surgimento do *Homo sapiens*);
- *Paleolítico Superior*: 35 a 12 mil AP (época da colonização humana da América);
- *Mesolítico*: 12 a 9 mil AP;
- *Neolítico ou Pedra Polida*: 9 a 5.500 anos atrás na Europa, na Ásia e na África; 7 a 2 mil AP na América.

Na América: *Paleoíndio* (antes de 8.000 AP; o termo "paleoíndio" designa o período anterior à agricultura e à cerâmica).

Quando e como a nossa espécie chegou à América? Como eram esses primeiros colonizadores? Por que teriam vindo para o novo continente? Essas são perguntas que têm sido respondidas de diversas maneiras. Desde o abandono da hipótese de autoctonia do homem americano, levantada por Ameghino no início do século XX, estabeleceu-se uma visão predominante de que o homem chegou à América por meio da transposição do estreito de Bering, em algum dos três últimos períodos de glaciação (40 mil, 25 mil, 14-9 mil AP).

Se observarmos os vestígios humanos anteriores aos últimos 10 mil anos, verificaremos que a maioria provém de savanas e regiões temperadas, o que indicaria, segundo alguns, que o *Homo sapiens sapiens* só conseguiu se adaptar à vida em clima tropical muito pouco tempo atrás. As evidências arqueológicas provenientes de áreas tropicais anteriores a 12 mil anos demonstrariam que houve uma expansão colonizadora do homem da África setentrional em direção às zonas temperadas e frias e, daí, à América do Norte. O grande pré-historiador Clive Gamble (1951-), em seu amplo estudo *Andarilhos do passado* (1993), expõe, de forma muito didática, essa ideia:

> Com as florestas tropicais, encontramos um paradoxo. Em primeiro lugar, não supomos, popularmente, que descemos das árvores tropicais? Em segundo lugar, e mais importante, esses são os meios ambientes mais ricos na face da Terra, já que recebem mais energia solar. Possuem a maior biomassa e produtividade e a maior diversidade de vida animal e vegetal. E, no entanto, a conclusão, tanto da evidência histórica como arqueológica, é de que a ocupação humana das áreas de florestas tropicais ocorreu muito tarde. Não é à toa que a palavra *jangala*, em sânscrito, da qual deriva o inglês *jungle* (selva), signifique deserto. Não é de admirar que Tarzan tenha ficado contente ao encontrar sua Jane!

Há, entretanto, diversas objeções à teoria da ocupação tardia das áreas tropicais. A ausência de vestígios humanos muito antigos nas áreas tropicais não significa que não existam e venham a ser descobertos, pois as áreas tropicais foram muito menos pesquisadas que os demais tipos de ambientes. De certo modo, a maioria dos arqueólogos acabou pesquisando à beira-mar e em ambientes já degradados pela ocupação urbana e rural, com menos investigações em lugares distantes e cobertos por florestas. Segundo a velha regra, não se podem tirar conclusões pela ausência de dados, pois eles podem surgir a qualquer momento: devemos ter cuidado, pois sempre podem aparecer informações novas. Em seguida, como o homem teria chegado à África austral, à Oceania e à América do Sul, onde já estava há, no mínimo, 12 mil anos, sem passar por áreas tropicais? Além disso, um outro questionamento que se faz à teoria da ocupação tardia dos trópicos parte do princípio de que a ideia de que a floresta tropical é um inferno para a vida humana, por ser mais difícil do que a vida em climas frios, parece tão subjetiva e culturalmente enviesada quanto a noção "popular" de que a vida nos trópicos é mais fácil por causa da natureza pródiga. Nem uma coisa nem outra, de maneira automática e necessária.

Em parte, a ideia de "inferno verde" decorreu do etnocentrismo europeu em relação aos diferentes meios de vida nos ambientes tropicais. Por muito tempo, os cientistas guiaram-se pelo senso comum, considerando as economias indígenas pobres ou atrasadas, em vez de considerá-las apenas diferentes da sua economia capitalista e urbana. Como disse o antropólogo estadunidense Marshall Sahlins (1930-2021) em um dos seus famosos livros, *Economia da Idade da Pedra* (1972): "Havendo atribuído ao caçador impulsos burgueses e ferramentas paleolíticas, julgamos sua situação desesperada por antecipação". Isto é, os cientistas pensavam a vida no ambiente tropical segundo as regras da vida urbana europeia, imersos em uma tremenda ignorância em relação às numerosas estratégias adaptativas dos povos indígenas.

Essa ignorância esteve presente na formulação da primeira teoria que visava à explicação da ocupação e da diversidade humana da América do Sul e do Brasil. A chamada "teoria do degeneracionismo", muito influente nos meios intelectuais brasileiros até poucas décadas atrás, foi difundida a partir das publicações do naturalista alemão Von Martius (1794-1868), que percorreu o interior do país para levantar informações sobre a fauna e a flora, entre 1817 e 1820. Von Martius divulgou suas ideias sobre o degeneracionismo em 1839, mas foi apenas em 1845 que essa teoria passou a ser conhecida no Brasil quando saiu publicado o seu ensaio: "Como se deve escrever a História do Brasil", vencedor de um concurso realizado pelo Instituto Histórico e Geográfico Brasileiro (IHGB).

Von Martius adotou as ideias de certos círculos intelectuais europeus, que estavam em moda desde o século XVIII, para explicar a diferença dos animais das Américas em relação aos do Velho Mundo (África, Europa e Ásia), qualificando-os como inferiores e aberrações. A partir dessa ideia, Von Martius formulou a tese de que as populações indígenas que ocuparam as Américas eram na origem "desenvolvidas", tendo como modelo os astecas (México), os maias (Mesoamérica) e os incas (Peru), em virtude das suas arquiteturas monumentais, das densas populações e da agricultura em larga escala. Ao descerem das terras temperadas, dos altiplanos andinos, os incas teriam ingressado nas áreas de floresta tropical, consideradas ambientes desfavoráveis para a humanidade, passando a sofrer um contínuo processo de degeneração das suas capacidades morais, de desintegração da sua cultura material e de sua organização social. Além disso, acreditava-se que o clima cálido e úmido das florestas induzia as pessoas a terem uma vida sexual desordenada, o que resultou em uma contínua formação de novos povos, cada vez mais degenerados e com as suas línguas cada vez mais diferentes. Isso explicaria a imensa dispersão geográfica dos falantes de várias línguas, a exemplo dos povos tupis e jês. Von Martius achava que a semelhança entre as distintas línguas se devia a uma separação recente e que esses povos não eram muito antigos. Ele também pensava que a degeneração levaria os povos indígenas à extinção, tese que foi de imediato adotada pelos intelectuais brasileiros no século XIX e que perdurou com bastante força entre 1910 e 1967, dominando inclusive o pensamento de antropólogos famosos, como Darcy Ribeiro (1922-1997), e de órgãos governamentais, como a Fundação Nacional do Índio (Funai; antes Sociedade de Proteção aos Índios, entre 1910 e 1967). Ela perdeu força e foi descartada quando se percebeu que o número de indígenas crescia; de fato, 30 anos depois, houve um aumento de 300 mil para 900 mil em 1990. Ou seja, não houve extinção, mas expansão.

Como quer que seja, saibamos ou não explicar todas as motivações dos primeiros povoadores, o certo é que eles se espalharam com rapidez pelo Velho Mundo e dali chegaram à América.

OS MAIS ANTIGOS HABITANTES E SEUS VESTÍGIOS

Como seriam os primeiros habitantes do Brasil, qual a História mais antiga de nossa terra? Para conhecer os primeiros habitantes do continente americano, podem-se pesquisar restos esqueletais humanos ou materiais que se consideram associados à presença humana. Vamos deixar estes últimos para um segundo momento e nos voltar para os ossos humanos mais antigos. Para tanto, retrocederemos ao início do século XIX, quando a América do Sul era uma das partes do globo menos conhecidas. Estiveram por aqui muitos viajantes europeus, como os naturalistas Alexandre von Humboldt (1769-1859), Johann Baptist von Spix (1781-1826) e Carl Friedrich Philipp von Martius (1794-1868) e, antes de 1840, o próprio Charles Darwin (1809-1882). Em 1840, o naturalista dinamarquês Peter Wilhelm Lund (1801-1880) realizava pesquisas paleontológicas na antiga província de Minas Gerais quando descobriu, em uma série de grutas da região de Lagoa Santa, restos humanos associados a animais extintos. Foi um achado espetacular e que haveria de gerar muita polêmica, pois em nenhuma parte do mundo nessa época se havia encontrado animais desaparecidos contemporâneos ao ser humano. Acompanhemos as palavras de Lund, em sua obra *Memórias sobre a paleontologia brasileira* (1844):

> Achei esses restos humanos em uma caverna que continha, misturados com eles, ossos de diversos animais de espécies decididamente extintas, circunstância que devia chamar toda a atenção para estas interessantes relíquias. Ademais, apresentavam eles todos os caracteres físicos dos ossos realmente fósseis. Eram, em parte, petrificados e, também, penetrados de partículas férreas, o que dava a alguns deles um lustro metálico, imitante ao bronze, assim como um peso extraordinário. Sobre a remota idade deles não podia, pois, haver dúvida alguma.

Hoje, sabemos, por meio de datações pelo carbono-14, que as importantes coleções de esqueletos de Lagoa Santa possuem mais de 10 mil anos. Em 1999, pesquisadores da Universidade de Manchester, na Inglaterra, reconstruíram a face do crânio humano mais antigo já encontrado nas Américas, proveniente de Lagoa Santa. Apelidado, de forma carinhosa, com o nome de Luzia, o crânio foi identificado como o de uma mulher e tem cerca de 11.680 anos. O crânio e outros ossos do corpo de Luzia haviam sido descobertos em 1975, em Lagoa Santa, por uma equipe franco-brasileira coordenada pela arqueóloga francesa Annette Laming-Emperaire (1917-1977), e faziam parte do acervo do Museu Nacional do Rio de Janeiro, até o incêndio de 2018. Após o evento catastrófico, um grande esforço dos cientistas fez com que 80% dos ossos fossem identificados e recuperados.

Reconstituição de indivíduo humano de sexo feminino (Luzia) com base nos remanescentes do crânio achado em Lapa Vermelha IV, Lagoa Santa, Minas Gerais. Acervo de Antropologia Biológica do Museu Nacional/UFRJ, Rio de Janeiro.

Dornicke (CC BY-SA 4.0)

O estudo morfológico desse e de alguns outros ossos humanos mais ou menos contemporâneos levou os pesquisadores da atualidade a propor novas teorias sobre a ocupação humana no nosso continente. O antropólogo, físico e arqueólogo Walter Alves Neves (1957-) e sua equipe que estudam a morfologia humana afirmavam ter havido, na América, há alguns milhares de anos, uma população não mongoloide. Expliquemos melhor: todos os indígenas americanos conhecidos apresentam semelhanças morfológicas com as populações norte-asiáticas mongoloides. Ou seja, os indígenas das Américas se parecem com os povos mongoloides, como os atuais chineses ou japoneses. Essa semelhança levou a pensar de maneira generalizada que a entrada do ser humano no continente americano teria se dado pelo nordeste da Ásia, pelo estreito de Bering (onde estão e estavam essas populações mongoloides), há poucos milhares de anos, pois o surgimento das características físicas mongoloides teria, segundo a maioria dos analistas, um máximo de 20 mil anos. Nesse contexto, o estudo do crânio de Luzia e de outros da mesma época trouxe novidades: dados que sugerem outra (pré-)História e um outro modo de refletir sobre a ocupação humana da América.

Walter Neves e seus colegas Maria do Carmo Zanini, Danusa Munford e Hector Pucciarelli estudaram esqueletos de diferentes épocas e regiões da América do Sul, comparados com 18 populações da humanidade atual, agrupadas por continente. Dentre esses esqueletos, os chamados paleoíndios (12 a 5 mil AP) mostraram uma surpreendente diferença em relação aos grupos posteriores mongoloides, e semelhanças com populações atuais da África e da Oceania. Nas palavras dos estudiosos, no artigo: "O povoamento da América à luz da morfologia craniana" (publicado em 1997, na *Revista da USP*, v. 34):

> Os resultados de nossas análises mostram uma grande diferenciação entre as populações pré-históricas sul-americanas de antiguidade paleoíndia e aquelas mais recentes, sejam de período histórico ou dos períodos Arcaico (1500-5000 antes do presente) e Horticultor (1000 antes do presente). A morfologia craniana dos paleoíndios sul-americanos demonstra maior afinidade com a de grupos australianos e africanos, enquanto populações pré-históricas posteriores e também os grupos etnográficos da Terra do Fogo associam-se aos asiáticos orientais. Nossos resultados revelam uma diversidade considerável da morfologia craniana em tempos pré-históricos.
>
> As populações recentes do leste da Ásia, largamente tidas como mongoloides, são caracterizadas como portadoras de um padrão morfológico de faces amplas e altas, crânios mais largos do que longos e de bases amplas, órbitas e cavidades nasais mais altas do que largas. As séries sul-americanas pós-Arcaico alinham-se com essas populações, o que parece indicar que ambos os grupos compartilham a mesma morfologia craniana. Já os grupos paleoíndios, ao se alinharem com populações caracterizadas por crânios estreitos e longos, faces estreitas e curtas, assim como órbitas e cavidades nasais mais curtas, representariam um padrão morfológico distinto, que aqui denominaremos de não mongoloide. Em suma, uma comparação de maior abrangência temporal leva ao resultado recorrente de que teria ocorrido na América a substituição de uma morfologia não mongoloide por uma tipicamente mongoloide.

Quais as implicações dos resultados desses estudos? Em primeiro lugar, as ideias tradicionais sobre os processos da ocupação humana deveriam ser revistas por completo. O modelo tradicional parte da hipótese de três grandes estoques (ou grupos) populacionais, provenientes do nordeste asiático (Sibéria) e mais ou menos homogêneos no que se refere às arcadas dentárias, que teriam adentrado a América não antes de 12 mil anos atrás, dando origem a todas as populações do continente. As novas datações contradiriam esse modelo, assim como as recentes análises dos crânios humanos. Dos três estoques mencionados na hipótese tradicional, dois teriam ficado restritos ao norte da América do Norte e apenas um seria ancestral da grande maioria dos grupos ameríndios e de todos os sul-americanos. Essa visão tradicional foi muito influenciada pela constatação de que a natureza mongoloide das populações atuais das Américas é muito clara, bem como até há pouco as únicas fontes de informação. No entanto, o novo estudo dos vestígios humanos não confirmaria esse ponto de vista, como vimos.

Neves e seus colegas propuseram, então, uma explicação alternativa para a presença de homens de tipo africano/oceânico (não mongoloide) nos períodos mais recuados: uma onda migratória, também pelo estreito de Bering, mas muito anterior, de grupos humanos do centro-sul da Ásia. O que teria ocorrido com essa população de primeiros colonizadores da América? Teriam desaparecido, substituídos pelos povos mongoloides que conhecemos. Teriam sido exterminados e/ou de todo assimilados pelos mongoloides? No estudo da Pré-História, como na ciência em geral, novos dados costumam trazer, com algumas respostas, muitas novas perguntas a serem respondidas.

Nem todos, contudo, estão convencidos com as interpretações desses estudiosos da morfologia dos crânios humanos, tanto por motivos práticos como teóricos. O número de crânios antigos disponíveis para análise não é muito grande e somente o acúmulo de achados no continente virá a fornecer uma base mais sólida de comparação. Em seguida, argumenta-se que as diferenças cranianas, mesmo quando comprovadas, não são explicáveis apenas e tão só por migrações de povos, devendo-se a fatores ligados ao meio ambiente e à adaptação humana a tais variações. Não poderia, por exemplo, ser o ambiente tropical a explicar as características morfológicas "africanas" dessas populações, como é o caso das narinas amplas, nada tendo a ver com uma origem genética africana direta? Segundo a bióloga brasileira Marta Lahr (1965-), hoje professora em Cambridge, Reino Unido, certas semelhanças entre os restos de paleoíndios e os aborígenes australianos podem ser explicadas como características que ambos os grupos herdaram de um ancestral comum, mas que não foram conservadas pelos mongoloides nos últimos 15 ou 10 mil anos.

Além disso, há objeções quanto às premissas de base adotadas pelo grupo de Neves. Existiram mesmo populações homogêneas no passado, que deixaram um rastro de crânios com pequena variação? Ou a variação no interior de qualquer sociedade é tão grande que impede tais raciocínios? No passado já se usou (e abusou) das características morfológicas, em particular dos crânios, para diferenciar populações, com resultados muitas vezes pouco convincentes. (Os judeus teriam crânios diferentes dos alemães nazistas, ou a variação, no interior das duas "populações", impediria qualquer conclusão objetiva?) Por último, mas não menos importante, supor que a (pré-)História seja feita de migrações e de extermínio de povos poderia, de maneira perigosa, servir de justificativa ideológica para o extermínio que os europeus impuseram aos indígenas americanos, que teriam, por sua vez, eliminado antes os antigos habitantes paleoíndios do continente. Essas dúvidas, de modo algum, afetam a qualidade científica dos estudos de Neves sobre os vestígios ósseos, nem questionam suas intenções que, com certeza, não incluem qualquer racismo ou justificação à derrota e à opressão dos indígenas.

Todavia, como veremos adiante, as teorias propostas por Neves possibilitam novas explicações e interpretações gerais dos registros arqueológicos do Brasil. Entendemos que a novidade dessas teorias é a possibilidade de compreender a passagem e a mudança brusca de um horizonte não ceramista e não agricultor para o horizonte ceramista e agricultor. A interpretação corrente considera que houve processos evolutivos regionais, com as populações paleoíndias adotando ou criando tecnologias e novas formas de subsistência. Após analisar o conjunto das informações sob o enfoque de Walter Neves, concluímos que os processos evolutivos tecnológicos e de subsistência ocorreram apenas na região amazônica e que nas demais regiões brasileiras predominou a substituição da cultura material paleoíndia pela agricultora e ceramista, em decorrência da substituição das populações não mongoloides pelas de tipo mongoloides. Considerando as pesquisas das medidas dos crânios americanos, Neves e colegas propuseram a entrada primeiro de grupos não mongoloides, em data não especificada, seguida das migrações mongoloides mais recentes.

Por sua vez, o cientista social e geólogo André Strauss (1984-), antigo aluno de Walter Neves na Biologia, aprofundou-se no estudo genético e chegou a conclusões diferentes e originais. Disse Strauss, em uma entrevista publicada no site G1 em 8 de novembro de 2018:

Os dados genéticos apontam para a existência de uma principal leva migratória com possíveis eventos secundários envolvidos. Mas, grosso modo, o cenário que a gente tem hoje é que 98% da ancestralidade ameríndia pode ser traçada a uma única chegada na América. Em outras palavras, o povo de Luzia chegou à América junto com todas as demais populações que vieram do continente asiático. [...] Havia uma expectativa de que no DNA dos indivíduos de Lagoa Santa tivesse algum sinal de ancestralidade não ameríndia, mas isso não foi encontrado.

As propostas interpretativas baseadas na genética parecem confirmar que a chegada do ser humano ao continente americano e, portanto, ao Brasil não envolveu africanos, como antes propuseram Walter Neves e equipe. Não deixemos de opinar: para nós, os autores, os mais antigos humanos que aqui chegaram vieram da Ásia, não da África ou da Oceania, apenas alguns milhares de anos atrás. Isso é certo. Para sabermos se houve humanos que chegaram antes de 15 mil anos atrás, ainda precisamos de mais descobertas e informações.

Mas vejamos em detalhe outras possibilidades em discussão, pois, como vimos, as explicações ligadas à Pré-História podem mudar em função de novos achados arqueológicos ou do uso de técnicas mais sofisticadas de análise, que conduzem à elaboração de novas teorias. Apresentamos, como em todo este volume, as diversas propostas interpretativas, com destaque para as mais recentes. Mas não consideramos que a data da publicação pesquisa, por si só, possa ser decisiva, já que, daqui a pouco, novas descobertas e interpretações talvez venham à luz, ou mesmo as "novidades" acabem sendo contestadas.

A SAGA DE PEDRA FURADA E A AVENTURA DO HOMEM AMERICANO

Por que não se encontram vestígios humanos com mais de 12 mil anos na América? Todos concordam que os artefatos mais antigos provêm do Novo México, Estados Unidos, da cidade de Clóvis, com a datação referida, mas mesmo quem considera que há vestígios muito mais antigos, como o pré-historiador norte-americano Tom Dillehay (1947-), pergunta-se: "onde estão os ossos"? Dillehay lembra que, no restante do mundo, sempre se encontraram tais vestígios, o que dificulta entender por que isso não se passa na América.

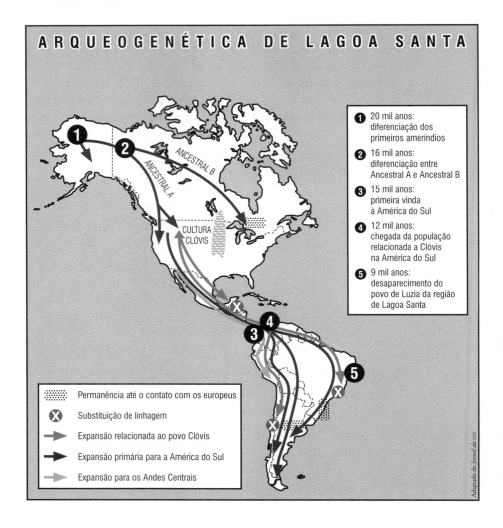

Se partirmos do pressuposto de que os homens aqui estavam bem antes de 12 mil anos atrás, pode ser que: não conseguimos localizar *ainda* os sítios arqueológicos dos primeiros americanos (o que é sempre possível) ou os antigos americanos não enterravam seus mortos (o que parece difícil de aceitar, já que se fazia isso no Velho Mundo há tempos e temos provas americanas dessa prática, como é o caso de Luzia).

E será que os sítios arqueológicos com mais de 12 mil anos existem na América? Onde estão? Na ausência de ossos humanos, fogueiras e líticos constituem os principais indícios de presença humana no passado longínquo, ainda que ambos sejam, como já vimos no caso da hipótese de

Beltrão, de difícil interpretação. Dentre os sítios encontrados que foram datados de várias dezenas de milhares de anos, alguns se destacam. Fora do Brasil, há o abrigo peruano de Pikimachay, com datações de até 20 mil anos, e Monte Verde, no sul do Chile, com datações de carvão, madeira e ossos de mastodontes de cerca de 12.500 anos. Um outro sítio em Monte Verde apresenta datas de 33 mil anos. Se essas datações estiverem corretas, para que o ser humano estivesse bem ao sul do continente americano há 33 mil anos, deveria ter deixado a Ásia e cruzado o estreito de Bering algumas dezenas de milhares de anos antes.

O sítio mais extraordinário e controverso, contudo, está no Brasil, em Pedra Furada, no Piauí. Desde a década de 1970, a arqueóloga brasileira Nièdé Guidon (1933-) atua no interior do Piauí, chefiando uma equipe franco-brasileira. Estabeleceu a Fundação Museu do Homem Americano e realizou pesquisas que ganharam notoriedade internacional. Guidon datou dezenas de restos de fogueiras, algumas delas com 50 mil anos, muitas com 30 ou 40 mil anos. No capítulo "As ocupações pré-históricas do Brasil (excetuando-se a Amazônia)" do livro organizado pela antropóloga Manuela Carneiro da Cunha, *História dos índios no Brasil* (1992), Guidon reconstrói a saga desses antigos povos que teriam habitado a região com uma descrição que merece ser transcrita na íntegra, por sua riqueza:

> Sabe-se que o homem é o único animal terrestre que conseguiu dispersar-se por todo o mundo. Sua presença é antiga em todos os continentes, até na Austrália. O exemplo desse país é edificante. Até os anos 1970, não se admitia que o homem aí tivesse penetrado antes de 7 mil anos, pois esse continente, durante todo o Pleistoceno (1,6 milhão a 10 mil anos atrás) e o Holoceno (10 mil anos atrás em diante), nunca foi ligado à Ásia. Com o progresso das pesquisas, foram descobertos sítios que demonstraram que o homem já estava na Austrália há pelo menos 50 mil anos, o que nos leva a admitir que o homem pré-histórico dominava a técnica da navegação.
>
> O pressuposto de que o homem teria vindo [para a América] unicamente a pé, atravessando a Beríngia atrás dos rebanhos de animais que migravam, não faz justiça à capacidade intelectual humana, reduzindo o homem americano a um descendente de um animal não mais capaz que os camelos, mastodontes e bisões que migravam para a América.

Para migrar através da Beríngia, os grupos humanos teriam tido de se adaptar ao frio intenso que reinava nessa planície gelada. Seria mais fácil criar uma tecnologia para o frio do que uma para navegar? Além do mais, durante épocas de mar baixo [nos períodos de glaciações], os rosários de ilhas que existem no Pacífico deviam ser mais extensos, o que facilitaria a navegação de grupos que avançariam colonizando ilha por ilha. Pequenas embarcações para navegação costeira poderiam, por causas naturais como tufões e tempestades, se desgarrar e acabar chegando a uma ilha. O grupo povoaria a ilha e aí viveria durante séculos ou milênios, até que um novo acidente o levasse um pouco mais adiante. Poderíamos imaginar grupos dissidentes que migrariam ou também movimentos messiânicos.

Esses grupos navegavam até à América entre 9-10 mil anos, no mínimo. Pode-se propor que os primeiros grupos chegaram até o continente americano há, pelo menos, 70 mil anos.

Guidon nos apresenta a vinda do homem para a América como uma aventura impressionante. Sempre em busca do sol nascente, de ilha em ilha, inspirado pelo messianismo, ou seja, pela crença em individualidades providenciais ou carismáticas, para o surgimento de uma era de plena felicidade espiritual e social. Conceitos usados por essa interpretação, como "messianismo", "carisma" e "providência", são criações bem posteriores no tempo, originaram-se em culturas distintas e merecem uma breve reflexão, antes de seguirmos. "Messias" significa "ungido por azeite", em hebraico, traduzido como "cristo", em grego, e se refere a um homem ungido por força divina, como rei. "Messianismo" é um termo moderno para definir diferentes movimentos em que as pessoas seguem um líder considerado escolhido por Deus ou por forças superiores. "Carismático" surge como "dotado de graça, de benção", usado para líderes que falam e convencem. Já "providência" indica um destino inexorável, pelo qual vale a pena se bater. Esses todos são conceitos subjacentes ao argumento de Guidon em sua tentativa de explicar a motivação por trás dessa antiquíssima migração. Por isso, sua visão foi considerada romântica e não tem encontrado acolhida consensual entre os estudiosos.

Por um lado, muitos pesquisadores consideram que as mais antigas fogueiras de Pedra Furada, assim como as pedras, são naturais, não se devem à ação humana. Para eles, portanto, o sítio não seria tão antigo. Ainda quanto aos dados empíricos que questionam a hipótese de Guidon, os estudiosos não encontraram, até agora, vestígios humanos tão antigos nas ilhas do Pacífico;

segundo os arqueólogos que pesquisam a região do Pacífico, as ilhas menos distantes da América, como a ilha de Páscoa, foram colonizadas há apenas... 2 mil anos! Não há, pois, qualquer indicação de que a navegação pelo Pacífico possa ter mais de 70 mil anos. Verdade que as antigas ilhas do Pacífico estão debaixo d'água, o que dificulta encontrar algo, se houver. O mais difícil, contudo, é aceitar as possíveis motivações apresentadas por Guidon que teriam levado homens, há 80 mil anos, a viajar, de ilha em ilha, rumo ao sol nascente, pois o messianismo é um fenômeno documentado apenas em sociedades muito mais recentes e que nem sempre explica os movimentos migratórios.

Talvez por ser a visão mais romântica e gloriosa do homem americano, no Brasil, "o homem da Pedra Furada" continua popular, a julgar pelo destaque que recebe nos livros didáticos e nos meios de comunicação de massa. No meio científico internacional, a teoria de Guidon não é muito aceita e, no Brasil, a maioria dos estudiosos tampouco concorda com a antiguidade atribuída por essa estudiosa ao "homem da Pedra Furada". No entanto, pesquisadores como o francês Eric Boëda (1953-), sucessor de Guidon nas escavações, não hesita em apostar em datas muito mais antigas, como 40 mil anos, datação de fogueiras que Guidon e Boëda associam a artefatos líticos. Contudo, não há restos humanos com essa datação – esse é o problema.

Para se defender dos críticos, Boëda afirma que, mais importante que a falta de restos humanos datados, o que atrapalha a aceitação de suas hipóteses é a recusa, por parte dos estadunidenses, em conformar-se que há vestígios tão antigos no Brasil, muito anteriores aos encontrados nos Estados Unidos, com pouco mais de 12 mil anos. A questão da datação seria, portanto, mais uma questão de "imposição imperialista".

Diante dessa controvérsia, afirmamos que, de fato, os norte-americanos não são fáceis de convencer sem dados muito concretos e indiscutíveis, e que convém cautela, pois as datações tão antigas da serra Furada continuam a representar um desafio interpretativo.

A BUSCA DAS ORIGENS E AS CONTRIBUIÇÕES DA GENÉTICA E DA LINGUÍSTICA

Por muito tempo, considerou-se que os ameríndios apresentavam uma grande homogeneidade biológica, a mongoloide. O cronista Antonio de Ulloa, em 1772, afirmava que "visto um índio de qualquer região, pode dizer-se que se viram a todos, no que se refere à cor e à textura". Apenas nos últimos anos os estudos da moderna Genética têm trazido novos dados a respeito da heterogeneidade biológica, fornecendo novas informações sobre a colonização da América que podem precisar melhor o grau de diversidade biológica dos grupos humanos do continente americano.

Os estudiosos da Genética observam o grau de diferença entre os grupos humanos existentes e, a partir de uma hipótese de *tempo necessário para que tal diferença tenha podido ocorrer no passado*, propõem datações para as populações humanas. Segundo essa metodologia, alguns estudos genéticos afirmaram que a entrada do ser humano na América se teria dado pelo estreito de Bering, por volta de 30 mil anos atrás, ainda que alguns geneticistas, como Antonio Torroni (1962-), da Universidade de Roma, prefiram apostar num mínimo de 50 mil anos.

Para que se tenha uma ideia das interpretações provenientes da Genética, apresentamos as cinco principais hipóteses genéticas hoje em debate:

- A primeira hipótese (com base na análise de sequências de mtDNA) propõe uma migração única para a Beríngia, há 30 mil anos, com uma passagem, pelo corredor de Alberta, de populações mongoloides que originariam os primeiros ameríndios. O colapso do corredor, entre 14 e 20 mil anos atrás, teria isolado esse grupo dos outros.
- A segunda hipótese (fundada no também estudo das sequências de mtDNA) indica, ao contrário da primeira, a existência de quatro levas migratórias, a começar de 20 a 14 mil AP.
- Uma terceira hipótese explicativa (derivada da Genética Clássica) considera que teria havido para o continente sul-americano três migrações distintas provenientes da Sibéria: de mongoloides (que originaram os ameríndios), de na-denes (que originaram os povos da América do Norte) e de esquimós – 11,9 e 4 mil AP, respectivamente, para o primeiro grupo e para os outros dois.
- Uma quarta hipótese (que parte do estudo dos alótipos de imunoglobinas) considera que teria havido quatro ondas migratórias: não na-denes do sul (20 mil); não na-denes do norte (20 mil); na-denes (10 mil); esquimós (8 mil), na-denes, esquimós (em 20, 10 e 8 mil AP).
- A quinta hipótese (derivada do estudo dos haplogrupos mtDNA) defende que teria havido quatro ondas migratórias: mongoloides com haplogrupos A, C e D (30 mil AP), mongoloides com haplogrupo N (13.500 mil AP) – ou seja, mongoloides com dois tipos diferentes de características genéticas –, na-denes (8 mil AP) e esquimós.

Para complicar um pouco o quadro, uma sexta hipótese (do ponto de vista do estudo do DNA mitocondrial) considera que a origem mais provável dos ameríndios não está na Sibéria, mas... no lago Baikal, a milhares de quilômetros a oeste! Ora, um dos elementos genéticos utilizados como marcador dos ameríndios não aparece na Sibéria moderna, mas sim na Europa e na Ásia central, o que não é fácil de explicar. Ou seja, há traços genéticos que os ameríndios compartilham com povos da Europa, mas que não existem hoje nos mongoloides, o que indicaria um parentesco com europeus anterior ao surgimento das populações mongoloides.

Embora o estudo do DNA pareça à primeira vista ser de uma precisão matemática, não é bem assim, como se percebe pelas hipóteses divergentes citadas. Na verdade, essas pesquisas estão ainda em suas fases iniciais e precisariam ser muito aperfeiçoadas, obrigando-nos a ficar em compasso de espera pelos resultados dos testes que apontarão para a hipótese mais correta. Também é importante considerar que essas evidências, até o presente, foram obtidas de populações vivas (ainda são poucas as amostras de DNA obtidas de esqueletos arqueológicos). Isso quer dizer que fósseis como o de Luzia não foram considerados, havendo nesse momento um descompasso entre os resultados das análises genéticas e das análises de esqueletos. André Strauss e outros mostram que a Genética tem produzido dados a serem levados em conta numa área, como dissemos, em que tudo ainda é muito discutível.

Outra linha de investigação que pode dar resultados satisfatórios é a análise da diversidade linguística na América. O mundo todo possui hoje um total de 250 grupos linguísticos, sendo mais de 150 ameríndios. Ou seja, hoje existe muito mais diversidade de línguas na América do que em qualquer outra parte do planeta.

Partindo do pressuposto de que um grupo linguístico necessita de 5 a 8 mil anos para tornar-se distinto de outros grupos, Johanna Nichols (1945-), linguista da Universidade da Califórnia, em Berkeley, propõe que o continente americano deve ter sido colonizado há muitas dezenas de milhares de anos, entre 35 e 50 mil anos, para que desse tempo de surgirem tantas línguas diversas. O problema dessa hipótese é que a África (onde, afinal, o homem viveu desde o início) é o continente com menor diversidade linguística, o que levou outro linguista, Daniel Nettle (1970-), de Oxford, a propor o exato oposto, ou seja, quanto mais antiga a colonização, menor seria a diversidade linguística. Segundo Nettle, quando uma nova terra é colonizada, a população cresce e se dispersa rápido, o que leva à diversidade linguística. Contudo, quando a capacidade de dispersão é alcançada, um grupo com frequência passa a crescer, às expensas de línguas minoritárias, o que leva à extinção dessas línguas. É o que parece ter acontecido na África, com a expansão dos povos falantes de línguas do grupo banto (e, talvez, o que acontecia com as línguas tupi-guaranis na América do Sul, quando chegaram os europeus, no século XV). Seguindo essa linha de raciocínio, a diversidade de troncos linguísticos indicaria uma ocupação recente do continente, de apenas 11 mil anos. De novo, duas grandes hipóteses estão em confronto, sem que se possa ter respostas definitivas e inquestionáveis: o ser humano teria chegado nos últimos milhares de anos ou antes, até mesmo muito antes? Dessa dúvida, da curiosidade, vive o estudo da Pré-História: não o sabemos com certeza, hoje, mas isso só nos pode incentivar a perguntar mais.

A HISTÓRIA DOS PALEOÍNDIOS NO BRASIL

O termo "paleoíndio" é hoje em dia muito usado para rotular as populações, mongoloides ou não, datadas de 12 a 5 mil AP. Consideramos, no entanto, que "paleoíndio" é uma noção ambígua e pouco clara. Surgiu quando se acreditava que todos os indígenas das Américas eram mongoloides, e foi utilizado para descrever as populações do final do Pleistoceno e do início do Holoceno, sociedades de caçadores-coletores (ou seja, que ainda não conheciam a agricultura). Mas seriam mesmo essas populações de tipo africano ou mongoloide? Como vimos, não se sabe ao certo e, aqui, para nossa discussão, isso não importa muito.

Além disso, o uso do termo "índio" para descrever os habitantes das Américas também tem sido questionado, já que esse foi um nome dado pelos europeus aos povos que aqui encontraram e que supuseram, de forma errônea, serem da Índia. Como não há relação direta entre os habitantes das Américas e os habitantes da Índia, o uso do termo "paleoíndio" também não seria o mais adequado.

Há algumas décadas, os povos das Américas, da Oceania e de outras partes da Terra organizaram-se em movimentos sociais em defesa dos "indígenas", "nativos" ou "aborígenes", "povos originários", "primeiras nações". As três primeiras palavras significam "nascido na terra" e são usadas em português, inglês e outras línguas. Entretanto, o termo "paleoautóctones" (além de não ser usado por ninguém) não resolveria a questão, pois a própria noção de autoctonia é problemática: no curto prazo, podem ter "nascido em algum lugar", seja os "indígenas", seja alguém de ascendência europeia, como é o caso hoje do Brasil, pois a imensa maioria da população é nascida aqui, mas não é "índia". No longo prazo, ninguém é autóctone, em particular na América, pois todos, inclusive os "índios" (como todos os seres humanos), vieram da África!

E o que dizer do uso do termo "paleoíndio" para caracterizar uma forma de organização social e política? Segundo essa utilização, seriam chamadas de paleoíndias as populações que teriam vivido da caça de grande porte (megafauna extinta, como a preguiça gigante, o tatu gigante etc.), nômades em um clima mais frio e seco do que o Holocênico (atual), em grupos pouco numerosos, sem liderança. Teríamos meios para comprovar, com os dados arqueológicos disponíveis, esse nomadismo e essa frouxidão da organização social? Em face da atual falta de informações que deem alguma substância a tais noções, a explicação dessas ideias baseia-se em dois pressupostos bastante discutíveis, à medida que refletem alguns preconceitos modernos. Para que se possa falar em "caçadores nômades" é preciso aceitar a noção de que, por milhares de anos e em um território imenso (todo o continente americano!), tenha havido um único tipo de organização social, o que não parece razoável para muitos outros estudiosos das sociedades humanas (inclusive para nós, autores deste livro). Isso só parece mais verossímil pela distância no tempo, pela abstração que permite o intervalo de milhares de anos. Um segundo "senão" liga-se às origens da própria classificação social de "caçadores nômades". O arqueólogo estadunidense Thomas Patterson (1937-) publicou um belo livro para mostrar como, a partir do século XVIII, inventaram-se as noções de "civilização" e "barbárie", após a ascensão do capitalismo e a sua identificação com o termo "civilização". As origens dos "outros", grupos distinguidos da elite europeia por suas supostas diferenças em aparência, comportamento, ou essência, ligam-se, na verdade, às relações de poder nas sociedades modernas em que tais conceitos emergem. Muitos intelectuais interpretaram o progresso como um movimento lento, mas contínuo, do simples (sociedades indígenas) para o complexo (sociedades com Estado), marcado por uma crescente diferenciação, da homogeneidade (das sociedades primitivas sem diferenciações internas) para a heterogeneidade (das sociedades com classes sociais). O progresso, segundo tal ponto de vista, seria marcado pela divisão do trabalho e pelo individualismo. Nesse contexto, forjam-se os estágios de evolução da humanidade, com os caçadores nômades na base, seguidos dos praticantes da agricultura, dos que dominavam os metais, dos que viviam em cidades, impérios, até chegar ao ápice tecnológico com a indústria capitalista e a consequente conquista da "liberdade econômica". Ou seja, em última análise, o conceito de "caçadores nômades" é uma invenção que se explica por uma certa visão capitalista do passado da humanidade.

Por praticidade, vamos continuar com o termo "paleoíndio" neste livro, lembrando de todas essas ressalvas, certo?

Então, qual a história inicial da colonização de nosso continente? Comecemos pela questão da entrada e ocupação da América do Sul e também do território brasileiro. Quanto tempo teria demorado para que o ser humano se espalhasse por toda essa área? As estimativas de crescimento demográfico variam de 0,1% a 3,5% por ano, o que daria um mínimo de mil e um máximo de 10 mil anos. Um estudo recente propõe que o continente tenha sido povoado muito rápido, em alguns séculos, por volta de 10 mil anos atrás, graças a altas taxas de natalidade, a uma aparente ausência de doenças epidêmicas de grande morbidade e à grande mobilidade dos povoadores. A ideia desse rápido crescimento populacional e dispersão por toda a América, em poucos milhares de anos, nos leva a pensar que as datações de povoamento do continente de acima de 10 mil anos estão equivocadas (mesmo porque é possível afirmar que as condições locais no continente americano tenham alterado o ritmo de perda do carbono radioativo, o que explica o fato de pesquisadores terem encontrado datações tão antigas como 50 mil anos ou mais). Dessa forma, estaria respondida a questão de Dillehay: os ossos anteriores a 10 mil anos não teriam mesmo existido!

Seria isso mesmo? Do nosso ponto de vista, a história é muito mais complexa do que esses cálculos matemáticos e o nosso conhecimento está sempre aumentando, com descobertas que podem trazer novas informações. O que podemos dizer até o momento é que várias pesquisas (questionadas por uns, aceitas por outros) têm trazido dados que indicam uma grande antiguidade da ocupação do Brasil, bem anterior aos 10 mil anos usados como limite de forma tradicional.

A HISTÓRIA DA OCUPAÇÃO E OS MODOS DE VIDA DOS HABITANTES: A FLORESTA TROPICAL

Boa parte dos estudiosos, entre os quais nos incluímos, não considera tão provável apenas a colonização rápida do continente (entre 10 e 9 mil AP), nem descarta datações anteriores a 10 mil anos. A grande maioria concorda (excetuando-se Beltrão e Guidon, como vimos antes) que a entrada do homem na América do Sul deu-se pelo istmo do Panamá há, pelo menos, 12 mil anos.

Segundo a visão tradicional, haveria duas frentes de expansão: uma caçadora, que penetrou pouco a pouco, pelo interior do continente; e outra, mais rápida, de pescadores-coletores, que avançou pelas costas do Atlântico e do Pacífico.

A visão tradicional considera que os povos mongoloides que originaram os paleoíndios – mais antigos habitantes da América do Sul – vieram do estreito de Bering, avançaram pelo centro da América do Norte e desceram pelos Andes, sempre procurando pelo hábitat aberto de clima temperado e caçando os grandes animais terrestres. Nesse caso, a colonização do Brasil se daria da costa para o interior (no Leste) e dos Andes para o centro-sul do Brasil que, no final do Pleistoceno, era mais frio do que hoje. A floresta amazônica era menor do que na atualidade e o clima, mais temperado, atingia boa parte do interior do Brasil, mesmo em latitudes tropicais, como em Minas Gerais, em razão da altitude. Disso temos evidências na vegetação, com espécies mais adaptadas ao frio, em regiões hoje bem mais quentes, como no caso das araucárias ou pinheiros, presentes ao norte do trópico de Capricórnio (23 graus e 27 minutos ao sul do Equador: passa pela cidade de São Paulo).

Nos últimos anos, essas duas interpretações têm sido criticadas e modificadas em virtude de novas evidências. Descobriram-se sítios muito antigos no interior da Amazônia, o que refuta a ideia de uma colonização centrada apenas em áreas temperadas e clima frio. Ademais, a ideia de que os povos procuram climas temperados e evitam os trópicos liga-se de forma clara a uma visão etnocêntrica baseada na experiência de norte-americanos e europeus burgueses, que tem sido considerada por demais subjetiva. Os trópicos, como vimos antes, não são nem o céu, nem o inferno!

Outros pesquisadores têm defendido uma visão menos homogênea das sociedades paleoíndias. Para eles, desde muito cedo, nos primórdios da colonização do Brasil, devem ter existido muitas culturas regionais, com características distintivas marcantes; por exemplo, umas com mais diferenças sociais do que outras. Para os estudiosos dessa linha, nem sempre as áreas temperadas teriam tido as mais precoces manifestações de estratificação social e do desenvolvimento de técnicas, tal como proposto por aqueles que enfatizam a origem dos avanços técnicos e da hierarquia social no clima frio. Tampouco seriam apenas as diferenças de microambientes que explicariam essas distinções culturais, pois em uma mesma área tropical, como a Amazônia, podiam conviver diversas culturas. O "determinismo ecológico", segundo o qual é o meio ambiente a determinar a cultura, tem sido cada vez mais posto em causa, tanto como modelo explicativo como pelos novos dados encontrados pelos estudiosos.

Porém, antes de questioná-lo, comecemos por explicar melhor o que seria o modelo determinista ambiental. No período logo posterior à Segunda Guerra Mundial (1939-1945), vários estudiosos estavam imbuídos de um ponto de vista neocolonial sobre a vida nos trópicos, então considerados debilitadores biológicos e culturais, improdutivos em termos econômicos. Por isso tudo, do ponto de vista europeu e norte-americano, os trópicos seriam um hábitat inadequado para o desenvolvimento cultural. A floresta úmida tropical sul-americana, também conhecida como floresta amazônica, foi considerada pobre em recursos naturais, com solos impróprios para o cultivo, bem como inadequada para pesca e caça intensivas. Como conclusão, apesar da falta de dados, propôs-se que a floresta tropical teria impedido ocupações substanciais e duradouras, bem como o desenvolvimento de culturas complexas nas chamadas terras baixas (áreas não andinas) da América do Sul. Assim, da mesma forma que na teoria degeneracionista, partia-se do pressuposto de que todas as inovações tecnológicas e de subsistência ter-se-iam originado nos Andes centrais, nas zonas mais frias onde teria surgido, por exemplo, a agricultura intensiva. Qualquer característica cultural valorizada pelos estudiosos, como a prática da agricultura ou da cerâmica encontrada nas terras baixas, era atribuída, portanto, ao influxo externo proveniente das áreas temperadas – como a área andina – ou a alguma influência das grandes civilizações da América Central.

O determinismo ecológico teve influências da teoria do difusionismo (em voga entre os intelectuais europeus dos anos 1920), de onde tirou inspiração para explicar os mecanismos da distribuição geográfica das invenções andinas para o restante do continente. O difusionismo aplicado aos povos situados no Brasil teve a sua formulação mais influente a partir das sínteses de Alfred Métraux (1902-1963), etnólogo suíço dentre os mais destacados estudiosos dos povos indígenas sul-americanos na primeira metade do século XX. Métraux aplicou o difusionismo ao Brasil, partindo do princípio de que os objetos e as ideias eram transmitidos entre habitantes de regiões distintas mediante a troca de informações e materiais de uma região a outra. Métraux baseava-se no pressuposto de que as terras baixas do continente eram de início habitadas por povos caçadores-coletores com um baixo desenvolvimento tecnológico e social, e de que os povos de cultura tupi, tendo aprendido as técnicas de agricultura e cerâmica dos povos andinos, as difundiram, ao se expandirem por quase todo o território brasileiro e partes do Uruguai, Argentina, Paraguai, Bolívia e Peru. Assim, era possível explicar como poderia haver tantas semelhanças em termos materiais ou simbólicos em distâncias geográficas tão grandes, a exemplo da pedra polida, da agricultura, da cerâmica, da língua e das mitologias. O difusionismo foi uma das explicações mais usadas pelos estudiosos do passado pré-histórico que estudaram o território brasileiro e, em vários casos, ainda persiste como ferramenta teórica.

Outro aspecto que liga o difusionismo ao determinismo ecológico é o pensamento evolucionista. O evolucionismo, aplicado à Pré-História, sempre foi acionado para explicar tanto a diferença quanto a mudança, partindo da ideia de que as sociedades iam de estágios mais simples aos mais complexos, mudando de tecnologias e de hábitos alimentares e sociais por intermédio da adoção de bens e ideias difundidos de região em região. A *difusão* seria o meio pelo qual uma sociedade mudava, *evoluía* de um estágio a outro, por meio da aquisição ou da cópia de certos artefatos, alimentos, comportamentos sociais e políticos. A história, nessa perspectiva, é de forma automática e mecânica encarada como a passagem de sociedades mais simples para mais complexas.

Proponente mais influente do determinismo ecológico, o antropólogo norte-americano Julian Steward (1902-1972) deu uma nova linguagem e conceitos ao degeneracionismo (embora nunca tenha citado Von Martius, cujas ideias já vimos!), desenvolvendo a ideia de que as áreas tropicais eram uma barreira aos seres humanos. Steward dividiu as áreas tropicais sul-americanas em "floresta tropical" e "áreas marginais", por sua vez subdivididas em ambientes de "várzea" e de "terra firme", cuja maior extensão está sobre o Brasil. Partiu do princípio de que os ocupantes humanos não podiam ser numerosos, não podiam permanecer por muito tempo no mesmo território, pois não tinham alimentos na quantidade necessária e, portanto, não podiam alcançar uma complexidade social e política, sendo que suas criações materiais dependiam dos povos andinos, "mais evoluídos" nesses aspectos por viverem em locais com o clima e os solos mais favoráveis. Em resumo, para Steward, as áreas de "floresta tropical" e as "áreas marginais" seriam menos produtivas em termos alimentares do que as áreas temperadas dos Andes, forçando seus habitantes ao mais baixo nível da pirâmide evolutiva.

Alguns anos mais tarde, a arqueóloga norte-americana Betty Meggers (1921-2012), discípula de Steward, acrescentou, em vasta obra, à teoria do mestre a ideia de que os solos eram os fatores que determinavam a evolução das sociedades. Nas duas grandes "áreas marginais" e de "floresta tropical", os solos seriam mais pobres e não teriam a capacidade de suportar plantações por longos períodos, pois se esgotavam em poucas colheitas, obrigando – segundo os deterministas – a migração para outros territórios. Essa teoria servia aos arqueólogos por explicar a grande dispersão e a quantidade de sítios arqueológicos no território brasileiro.

Além disso, a grande influência do determinismo ecológico modelou quase todos os estudos sobre a demografia e os tipos de organização social das populações indígenas, assim como a Pré-História do Brasil. Na maioria dos estudos, seguiu-se a tese da limitação ambiental para explicar o tamanho das populações, partindo do princípio de que apenas na várzea, onde se presumia existirem mais alimentos em razão da maior oferta de recursos pesqueiros e de coleta de moluscos, haveria condições para sustentar populações mais densas. Na chamada terra firme, mais afastada dos recursos aquáticos, a equação de Steward previa que as populações "seriam" menores em razão da presumida pequena oferta de caça. Adicione a tese de que nesses dois tipos de ambientes a agricultura produzia pouco e os solos obrigavam a mudança constante do local das roças e, logo, obtemos como resultado a compreensão de que o número de componentes de cada um dos agrupamentos humanos só poderia ser reduzido.

O determinismo foi a alternativa teórica para subsidiar o ponto de vista predominante de que os povos indígenas sempre foram pouco numerosos, uma vez que sua explicação possuía coerência objetiva em relação ao que se observava nos territórios indígenas dos séculos XIX e XX, em geral povoados com muito pouca gente. Os raros estudiosos da demografia, até poucas décadas, tampouco davam crédito ao que relatavam os cronistas e os documentos da burocracia dos tempos coloniais em relação à existência de regiões e de certas localidades muito povoadas por "índios". Desse modo, sem ter pesquisado de forma sistemática todas as fontes publicadas e inéditas, região por região, os pesquisadores por muito tempo restringiram-se às explicações degeneracionistas e deterministas para estimar o tamanho da população indígena no Brasil no início do século XVI, chegando a um número de cerca de 8 milhões de pessoas na maior contagem, publicada em 1949. Essa conta deverá ser superada quando as pesquisas regionais e locais começarem, sendo provável que ela dobre, triplique ou seja muito maior do que se imaginava, pois todos os que propuseram estimativas demográficas sempre disseram que suas contas eram "conservadoras" ou que eram "palpites" baseados em pequena fração de fontes documentais.

Enfim, podemos dizer que, da perspectiva do determinismo ambiental, o ser humano vê-se reduzido a um mero subproduto das condições ambientais. Também podemos observar que, se as teorias explicativas se encontram sempre imbricadas na sociedade que as origina, está claro que o determinismo ambiental insere-se em uma certa visão de mundo colonialista. Betty Meggers, grande propugnadora dessa abordagem, no prefácio a seu livro *América Pré-Histórica*, publicado no Brasil em 1978, não disfarçava esse viés imperialista ao atribuir às condições geográficas o desenvolvimento dos Estados Unidos e o subdesenvolvimento da América Latina:

> Este livro enfatiza o contraste entre a América pré-histórica e a América moderna, responsável por problemas nacionais e internacionais de desenvolvimento. Um rápido exame do mapa de áreas fisiográficas e culturais mostra regiões com características similares em ambos os hemisférios. No norte e no sul existem florestas, campos, desertos, costas do Pacífico e áreas marginais. Durante o período pré-histórico, a existência de recursos semelhantes criou configurações notavelmente similares tanto na América do Sul como do Norte, embora pouca ou nenhuma comunicação houvesse entre elas. Considere-se a diferença entre os limites dessas áreas ecológicas e os das nações modernas. Na América do Norte, os Estados Unidos estendem-se de oceano a oceano, por florestas, campos e desertos. Na América do Sul, em contraposição, as modernas divisões coincidem mais de perto com as zonas ecológicas. O Brasil é principalmente floresta; a Argentina, campo; o Chile, costa do Pacífico; Colômbia e Venezuela são zona intermediária. Essa diferença é significativa. Se a América do Norte tivesse sido desmembrada em muitos países, um ocupando a floresta, outro os campos, outro o deserto e outro a costa do Pacífico, a situação seria comparável à da América do Sul e os problemas de desenvolvimento seriam provavelmente análogos. No presente, os pesquisadores estão conseguindo, a partir de estudos locais e regionais, compreender que havia outros panoramas sociais, econômicos, demográficos e políticos muito distintos dos modelos deterministas. Em lugar de tais modelos, cada vez mais se buscam a História e os documentos que nos permitam compreender como foi concretamente a ocupação do nosso território.

Ao contrário do que afirmavam Von Martius e outros degeneracionistas, cujas principais teorias podem ser lidas no belo livro do historiador italiano Antonello Gerbi (1904-1976), *O mundo novo*, publicado no Brasil em 1996, a vida na floresta tropical não resultou em estagnação ou decadência. Aliás, ao contrário da interpretação de que pessoas mais "evoluídas" teriam entrado na floresta e degenerado, acreditamos, com outros estudiosos, que a riqueza dos ambientes das zonas tropicais da América do Sul propiciou a criação e a descoberta de numerosos alimentos e objetos de uso cotidiano e ritual, que mais tarde serviriam aos que construíram o império incaico, por exemplo. Além das coisas materiais, é muito provável que a história vivida pelos povos que ocuparam e se adaptaram à floresta tenha possibilitado a criação e a variação de muitas práticas sociais, políticas e econômicas, incluindo a criação de ricos acervos mitológicos e de uma variada cosmologia.

As críticas ao determinismo ambiental, como teoria explicativa, vieram tanto de correntes antropológicas, insatisfeitas com tais argumentos, quanto de estudiosos da atualidade, atentos à justificativa da exploração da América Latina, travestida de "destino ecológico" como imaginaram os deterministas. No que se refere à ocupação pré-histórica do continente sul-americano, os vestígios arqueológicos têm mostrado um quadro que contradiz, de forma direta, tais teorias deterministas. A história da ocupação da floresta tropical parece ser o exemplo mais instigante, como veremos aqui.

Desde o século XIX, um grande número de cavernas e abrigos sob rocha foi encontrado na Amazônia, muitos deles pintados com figuras estilizadas de animais, seres humanos e desenhos de forma geométrica. Pesquisas recentes da equipe da estudiosa americana Anna C. Roosevelt (1946-) mostram que pinturas rupestres, em plena floresta tropical, em Monte Alegre, foram feitas há mais de 11 mil anos e estão entre as mais antigas já encontradas nas Américas. As figuras geométricas podem muito bem ter sido métodos para contagem, enquanto insetos com braços e pernas humanos e homens com cabeças solares parecem representar seres mitológicos. Adultos e crianças deixaram impressões de suas mãos nas paredes. Encontraram-se, ainda, restos de um acampamento muito bem datado, tanto pelo carbono-14 como pela termoluminescência, entre 10 e 11 mil anos atrás.

Figuras humanas com cabeças solares em Monte Alegre (PA).

Como teriam vivido esses pioneiros da floresta tropical? Usavam pontas de lança de pedra bifaciais triangulares e se alimentavam tanto da pesca e da caça, como da coleta de frutos e vegetais. Comiam peixes, roedores, morcegos, moluscos, jabutis, pássaros, anfíbios, mas também cobras e grandes mamíferos terrestres. Não prescindiam dos frutos da palmeira, da castanha-do-pará e de várias espécies de leguminosas.

Uma das implicações da descoberta dessas ocupações tão antigas consiste em reverter a visão dos trópicos como área deletéria para o homem. A floresta tropical serve como um excelente hábitat para o desenvolvimento humano, como a África já nos devia sugerir. As florestas tropicais também devem ter servido como focos culturais e, talvez, a Paleontologia e a Arqueologia se tenham deixado iludir ao concentrar suas pesquisas em áreas de savana ou cerrado, ignorando o imenso potencial dos trópicos.

Outra possível decorrência desses achados amazônicos tão antigos consiste no rompimento da lógica, já mencionada, que indicaria uma direção unívoca do simples (mais antigo) para o complexo (mais recente) e a homogeneidade cultural das mais antigas ocupações. O uso antigo da cerâmica na floresta tropical e as pinturas rupestres elaboradas não indicam, portanto, um estágio superior e posterior de desenvolvimento humano – já que milhares de anos *depois* outros grupos não usavam esses recursos. Nem sua presença em um sítio indica que não houvesse outros tipos contemporâneos de ocupação da Amazônia. Assim, é possível acreditarmos que havia, num mesmo meio ambiente, espalhados pelo território da floresta tropical, ceramistas e não ceramistas, pintores rupestres e povos desinteressados em pintar. Nem sempre o mais antigo é menos elaborado, nem sempre o mesmo ambiente tropical produz as mesmas preocupações culturais e redunda nos mesmos tipos de adaptação.

As recentes descobertas na Amazônia têm revelado ainda outras importantes surpresas. Embora posteriores, os vestígios do Holoceno indicam que, em sítios do baixo Amazonas, se produzia cerâmica já há 7.500 mil AP, sendo, portanto, a área em que se produziram vasilhas cerâmicas mais antigas (descoberta até o momento) da América e uma das regiões mais precoces no mundo com vestígios desse tipo.

Enfim, todos esses achados indicam maior diversidade de situações do que se pressupunha antes e exigem uma nova forma de explicação por parte dos arqueólogos, cujos modelos tradicionais estão ficando rapidamente anacrônicos. Devemos estar sempre abertos ao novo, às novas descobertas e às novas ideias. Havia e ainda há lugares-comuns, clichês que, admitidos sem pensar, acabam por condicionar o que vemos e concluímos, como neste caso.

Fomos acostumados a pensar que sempre se vive melhor e mais contente com mais recursos, tecnologia e riqueza. Esse pensamento decorre de nosso estilo de vida na sociedade capitalista e de consumo, e mesmo de algumas evidências nessa direção (como a constatação de que, na média, hoje os seres humanos vivem por muito mais tempo do que os nossos antepassados). Por outro lado, há dúvidas se houve ou não melhorias em termos de felicidade e qualidade de vida.

Lembremos que no tempo da caça e da coleta não se disseminavam diversas doenças transmissíveis, a dentição não sofria com cáries derivadas do consumo de açúcar. Tampouco havia "trabalho" (exaustivo, contínuo, de sol a sol), palavra derivada de um instrumento de tortura e que também designa "as dores do parto". Entre os caçadores-coletores, "não havia trabalho", no sentido de que se buscavam alimentos e se construíam abrigos, mas apenas na medida do minimamente necessário, já que a maior parte do tempo era destinada ao gozo da vida, como ainda é o caso entre os indígenas que conseguem viver isolados. A vida antes da agricultura e das cidades podia ser muito mais satisfatória: sem escravos e senhores, reis e súditos, ricos e pobres. A comida consumida era mais fresca, rica e variada do que aquela disponível para a imensa maioria dos agricultores em ambiente urbano. Carne, peixe, frutos, legumes e verduras eram colocados à disposição de todos, à diferença dos pobres agricultores, a quem cabia um trabalho exaustivo e uma alimentação limitada a grãos. Trata-se de estilos de vida muito diferentes, não superiores ou inferiores, mas bastante distintos.

É melhor ser feliz ou viver infeliz por mais tempo? Essa pergunta é filosófica, mas com implicações históricas. A primeira é que não se pode considerar quem vive da caça e da coleta como menos bem-sucedido do que quem vive em cidades e com alta tecnologia. E mais: como dizia Marshall Sahlins, pode ser muito melhor viver na Pré-História, e muitas sociedades podem ter *preferido* se manter como caçadoras-coletoras, inibindo o surgimento de desigualdades. A cooperação podia ser considerada tão compensadora que impedia a competição e reservava a agressividade à caça destinada à alimentação.

Questionamentos semelhantes podem ser levantados com relação às mulheres. Anna Roosevelt foi pioneira a propor o protagonismo feminino nas sociedades pré-históricas brasileiras, como veremos adiante, contradizendo versões anteriores de que elas não teriam sido importantes.

Importa, aqui, a mensagem: não nos deixemos levar por lugares-comuns contemporâneos, derivados do imperialismo, do racismo e do machismo. Se formos afetados por eles, interpretaremos de modo distorcido os vestígios pré-históricos. Podemos ficar cegos para as evidências de como se podia viver bem em florestas e cerrados, de como as mulheres podiam ser partícipes integrais da vida social, sem submissão. O calor pode ser uma benção, não maldição. Nem sempre a agricultura produziu melhoria e conforto, como atestam as guerras constantes entre os indígenas agricultores, antes mesmo da chegada dos europeus. Fiquemos atentos às evidências arqueológicas e às interpretações originais e menos condicionadas pelos preconceitos.

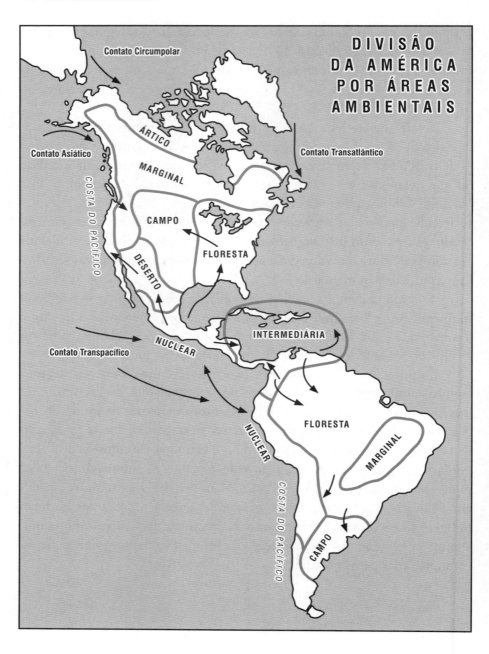

QUEM MATOU OS ANIMAIS GIGANTES?

No continente americano, viviam animais gigantescos, conhecidos como megafauna, como é o caso das preguiças gigantes e dos gliptodontes, espécie de tatus enormes, presentes no território brasileiro. Diversos desses animais gigantes foram extintos nos últimos milênios e há opiniões divergentes sobre o motivo dessa extinção.

Alguns atribuem a sua extinção à mudança climática que levou ao clima do Holoceno, entre 10 e 8 mil AP, a ficar mais quente e parecido com o atual. Outros pesquisadores, sem descartar a importância da mudança climática, mencionam a possibilidade de doenças terem ocasionado elevada mortandade entre esses grandes animais. Nesse caso, o homem poderia ter contribuído, pois pode ter introduzido na América animais domésticos que contaminaram animais selvagens com suas doenças. (No século XIX, certas regiões da África testemunharam bem esse fenômeno, quando a introdução de gado europeu acabou levando à extinção de espécies africanas nativas de antílopes e outros bichos. Processo semelhante ocorreu também na Oceania.) Um terceiro fator explicativo para a extinção desses animais de grandes dimensões seria a caça predadora feita por humanos, levando ao desaparecimento de diversas espécies de animais. Esta última hipótese encontra reforço em pesquisas recentes realizadas em outro continente, a Oceania. Lá, constatou-se que nada menos que 55 espécies de vertebrados, como cangurus gigantes e pássaros do tamanho de perus, desapareceram por volta de 46 mil anos atrás, ou seja, cerca de 5 a 10 mil anos depois da chegada do ser humano àquele continente. A mesma correlação entre a chegada do homem e a extinção da megafauna pode ser constatada na Nova Zelândia e em Madagáscar.

No caso da América, acreditamos que pode ter ocorrido uma confluência dos três fatores, pois houve, de fato, mudança climática, com a diminuição da área de campos e cerrados – os hábitats originais desses grandes animais –, em paralelo à expansão da ocupação humana, que pode tanto ter espalhado doenças como extinguido o número desses animais por meio das caçadas. Segundo alguns estudos realizados com o auxílio de simulação com modelos computacionais, em apenas mil anos a caça excessiva seria o suficiente para acabar com algumas espécies de animais.

O homem conviveu com animais extintos, como o megatério (à esquerda) e o gliptodonte (à direita). As proporções físicas foram mantidas na ilustração.

Como quer que seja, o fim da megafauna foi a mais significativa extinção de animais do planeta desde a época dos dinossauros, podendo ser considerada importante por ter sido contemporânea do ser humano e, portanto, em possível relação com sua atividade. Entretanto, seria mesmo correto atribuir ao homem essa destruição ou seria apenas nossa consciência pesada a sugerir tais hipóteses? Não sabemos, mas o estudo da megafauna extinta, por essa ligação umbilical com o ser humano, promete continuar a concentrar a atenção dos pesquisadores do passado pré-histórico, e a gerar novos conhecimentos coevolucionários entre humanos e animais.

DIETAS E ANIMAIS

O pesquisador Art Dowdy resume ideias sobre a alimentação e o estilo de vida do *Homo sapiens* presentes no livro *Sapiens: uma breve História da humanidade*, do historiador Yuval Harari:

"[No seu livro *Sapiens: uma breve História da humanidade* (2015),] o estudioso israelense Yuval Harari (1976) descreve a vida de um caçador-coletor durante o que chama de Revolução Cognitiva (70 a 30 mil anos atrás), ao notar que esses forrageiros [coletores] viviam um estilo de vida nômade, viajando em pequenos grupos. Consumiam uma ampla gama de alimentos, como frutos, raízes, insetos, coelhos, bisões, trabalhando de 30 a 35 horas por semana, na coleta, caça, preparação de alimentos e fabricando ferramentas. Nada mal, Harari destaca. Chega a dizer que os caçadores-agricultores foram os primeiros afluentes [os primeiros que viviam bem], ao citar a sua flexibilidade na agenda de trabalho e nas dietas balanceadas.

> Também, durante o período da Revolução Cognitiva, cerca de 45 mil anos atrás, a espécie *Homo sapiens* começou a migrar para outros continentes, trazendo mudanças drásticas para os novos habitats onde se estabelecia. Harari menciona que poucos milhares de anos após a chegada do *Homo sapiens*, 23 de 24 espécies de grandes animais estavam extintos na Austrália. Após dois mil anos da sua chegada às Américas, os humanos levaram à extinção 34 de 47 espécies de mamíferos de grande porte, na América do Norte, e 50 de 60, na América do Sul. Duas teorias gerais para essas extinções de massa são discutidas. A primeira seria a introdução do fogo durante a Revolução Cognitiva. Com isso, os humanos podiam destruir grandes superfícies, com a alteração da vegetação e as fontes de alimentos: alguns animais prosperaram, outros não. A segunda supõe que grandes animais e predadores procriavam de maneira lenta e não podiam crescer rápido o bastante para escapar da ameaça humana, nem se reproduzir, ao serem rapidamente caçados e mortos."
>
> (Dowdy, Art. "Survival Contingencies: a Review of Sapiens: a Brief History of Humankind by Yuval Noah Harari." *Perspectives on Behavior Science*, v. 43, n. 1, mar. 2020, pp. 233-42.)

A OCUPAÇÃO DO TERRITÓRIO BRASILEIRO

As pesquisas arqueológicas têm revelado que entre 12 e 5 mil AP grupos humanos viviam de diferentes formas, em diferentes lugares, em quase todo o território do Brasil. As áreas sem evidências de ocupação humana são, de fato, espaços onde não foi realizada nenhuma pesquisa.

Os ocupantes mais famosos pesquisados, desde o século XIX, são os "homens de Lagoa Santa", em Minas Gerais. Seu modo de vida, entre 10 e 8 mil anos atrás, é conhecido por diversas escavações. Em Santana do Riacho (também Minas Gerais), encontraram-se esqueletos fletidos, depositados em redes, às vezes salpicados com pó vermelho e adornados por colares de contas vegetais. Entre os restos de alimentos, há cascas de pequi e jatobá, coquinhos de licuri e ossos de animais. Constatou-se que eles usavam utensílios líticos e ósseos. Deviam praticar caça de porco-do-mato, tatus e roedores, com abundância de alimentação vegetal que levava à cárie dentária, rara em época tão recuada. Pelo estudo dos ossos humanos, foi possível saber também que havia falta de alimento e até fome no período de crescimento corporal de crianças e adolescentes, além da presença de doenças inflamatórias.

No vale do rio São Francisco, ainda em Minas Gerais, também se encontraram vestígios dessa mesma época, como atesta o achado de uma perna de preguiça gigante trabalhada pelo homem e transformada em um artefato. As primeiras ocupações registradas no Alto-Médio rio São Francisco, entre 12 e 9 mil anos atrás, também estão bem claras na Lapa do Boquete, no rio Peruaçu. Conforme os vestígios escavados, esses ocupantes alimentavam-se de coquinhos, moluscos de água doce, porcos-do-mato e veados. Não é um acaso que tantos sítios arqueológicos estejam em locais chamados de Lapa, que significa *pedra* em português, ou que contenham *ita* no nome, com o mesmo sentido em tupi ou língua geral. Os afloramentos líticos, para usar um termo geográfico, forneciam tanto abrigo como matéria-prima para os seres humanos, no passado mais recuado e ainda hoje.

No Nordeste brasileiro, há diversos sítios com datações antigas – no Piauí e na Bahia – que teriam sido ocupados há milhares e milhares de anos, alguns com ocupação contínua, segundo seus escavadores, como vimos, ao tratar do suposto *Homo erectus* (BA) e das hipóteses levantadas em Pedra Furada (PI). Os vestígios do período entre 12 e 8 mil anos, que nos interessam aqui, não apresentam tampouco características claras e aceitas com unanimidade pelos estudiosos. No caso do Piauí, conforme a pesquisadora Anne Marie Pessis (1952-) no capítulo "Parque Nacional Serra da Capivara: Pré-História da região", do livro do Museu Nacional intitulado *Pré-História da Terra Brasilis* (1999), os escavadores que lá atuam propõem uma continuidade cultural impressionante, se a aceitarmos:

> Os vestígios da cultura material descobertos indicam a existência, durante milênios [entre 50 e 12 mil AP anos atrás], de uma única cultura, que inovou tecnicamente e fez escolhas entre os recursos naturais disponíveis. No período pleistocênico, as populações já faziam gravuras nas paredes. Mudanças culturais começaram a ser desenvolvidas pelas populações instaladas na região entre 12 e 3500 mil AP. Trata-se dos mesmos grupos étnicos que a povoaram durante o período pleistocênico e que se adaptaram às novas exigências do meio ambiente. Essas populações são conhecidas [na Arqueologia] como povos da Tradição Nordeste. Durante 9 mil anos desenvolveram uma cultura material com técnicas cada vez mais aprimoradas. A estrutura econômica dos grupos da Tradição Nordeste permaneceu a mesma que dominou durante o período pleistocênico: as fontes alimentares eram a caça de animais de pequeno porte e a coleta de frutos e folhas. A caça era assada. Um caco de cerâmica datado em 8900 AP envelhece o aparecimento da cerâmica no continente americano. A permanência dessa tradição é de 6 mil anos.

Essa ideia da manutenção de uma população isolada e que evolui no mesmo lugar por milhares e milhares de anos parece problemática, pois os grupos humanos tendem a mover-se e a modificar sua cultura, mesmo que aos poucos, de forma que, em longo prazo, sua transformação pode ser muito grande. Se aceitarmos a hipótese de Pessis, contudo, reforçamos o quadro que apresenta múltiplas culturas, em diferentes partes do Brasil, já que populações poderiam manter-se isoladas por milhares de anos, cada uma com suas características. Todavia, o conjunto das evidências conhecidas sugere que havia uma aparente uniformidade entre populações de diversas regiões, ao menos em termos de cultura material e de estratégias de subsistência, e esse fenômeno nos faz pensar que não existia *tanto* isolamento, uma vez que este conduz à diferença. De fato, as semelhanças entre grupos humanos induzem-nos a considerar que havia a reprodução de comportamentos e de estilos tecnológicos que resultavam de comunicação e de contato. Além disso, considerando o relevo do leste da América do Sul, não havia nenhuma barreira geográfica que isolasse as populações.

A ocupação do Centro-Oeste também é muito antiga, com algumas datações entre 22 e 15 mil AP, no Mato Grosso, sucedidas por bom número de sítios anteriores a 7 mil anos. Em Goiás, as mais antigas ocupações, chamadas de Tradição Paranaíba, existiram entre 10.700 e 9 mil AP, dominando as áreas de cerrado. A maioria desses sítios de caçadores-coletores antigos encontra-se em ambientes fechados, como abrigos e grutas (mas isso pode indicar não tanto que ocuparam apenas esses locais, mas que a pesquisa arqueológica se centrou nesses lugares ou ainda que são os que melhor se conservaram). Os caçadores-coletores que habitaram essa região estariam organizados em pequenos grupos de apenas algumas famílias. Utilizavam técnicas de forrageio (coleta) na exploração de plantas e animais e viviam da caça generalizada, ainda que somente estudos mais detalhados possam substanciar essas ideias.

O estudo da ocupação do litoral, em períodos recuados, encontra-se muito prejudicado pelo aumento do nível do mar, no Holoceno, que acabou por fazer com que a costa atual esteja a muitos quilômetros a oeste em relação ao que era há alguns milhares de anos.

Existem ainda sítios muito antigos em diversos lugares do Brasil, como no interior de São Paulo (sítio Alice Böer, na região de Rio Claro), que atestam a ocupação há 14.200 AP.

No Sul do Brasil, predominariam sociedades do tipo caçador-coletor, cujo conjunto de artefatos foi denominado Tradição Umbu, dos atuais estados de São Paulo, Paraná, Santa Catarina e Rio Grande do Sul. Viviam da caça e da coleta nos grandes descampados sulistas, daí serem chamados de "caçadores do campo". Essa tradição tem seus sítios mais antigos datados a partir de 12 mil AP e teria persistido até mil anos atrás. Durante todo esse longo período, usaram artefatos de pedra muito semelhantes, com destaque para a elaboração de pontas de flecha lítica. Na mesma região, existe uma outra tradição tecnológica, chamada de Tradição Humaitá, que ocupou ambientes de floresta entre 9 e 1 mil AP e produziu grandes artefatos bifaciais (por exemplo, flechas, lâminas com dois gumes). A oposição entre campo/floresta e pontas de flecha/instrumentos bifaciais é que determinou a classificação dessas evidências arqueológicas em dois conjuntos distintos.

A caracterização de povos do passado a partir de alguns poucos traços materiais, em particular de sua indústria lítica ou do ambiente de inserção, como se tem feito no Sul do Brasil, tem encontrado crescente resistência por parte de certos grupos de estudiosos de nossa história pré-colonial, tanto pela constatação de evidências que parecem questionar a existência dessas diferenças materiais, como por motivos de ordem antropológica e histórica. Há pouco, novos estudos apoiados em larga base estatística e outros fundamentos teóricos se afastam da interpretação original, mostrando que ambas as "tradições", Umbu e Humaitá, possuem grandes semelhanças em termos tecnológicos. Essas novas perspectivas vinculam-se aos mais recentes estudos das sociedades humanas, que têm afirmado que os povos e as culturas não podem ser definidos apenas pela cultura material e, muito menos, por alguns itens "diagnósticos" como as pontas de flecha. Essa concepção da existência das duas tradições predominantes no Sul brasileiro tem sido muito criticada, pois sabemos, por meio de pesquisas etnográficas, que os mesmos tipos de objetos podem ser usados por povos e culturas diferentes (e, até mesmo, em conflito) e que, ao contrário, objetos de diversos tipos podem ser utilizados por um mesmo povo, em lugares distintos. Na mesma linha de raciocínio, o uso de objetos semelhantes por milhares de anos não implica, de fato e de maneira necessária, continuidade étnica ou cultural, pois grupos os mais variados podem usar os mesmos tipos de artefato sem que compartilhem os mesmos traços culturais.

Podemos concluir que o período pleistocênico tardio no Brasil, entre 12 e 10 mil AP, apresenta diversidade de indústrias líticas. Os dados disponíveis hoje, ainda muito fragmentados e esparsos, têm levado à grande variedade de interpretações, contraditórias entre si.

Do nosso ponto de vista, teria havido uma grande diversidade tecnológica, econômica e social entre os habitantes da América do Sul já entre 10 e 12 mil anos atrás, resultado de uma colonização anterior a 12 mil anos por muitos grupos étnicos, o que está na base da grande diversidade dos períodos posteriores de nossa Pré-História.

Os dados disponíveis e a explicação dessa diversidade estão ainda muito incompletos e temos, por isso, de recorrer a hipóteses, muitas vezes, de caráter genérico. No entanto, o estudo da nossa história pré-colonial, antes da chegada dos descobridores portugueses, tem avançado muito nos últimos anos e, como ficou claro neste capítulo, já podemos reconstruir as grandes linhas dessa trajetória histórica. Exploraremos, no próximo capítulo, a crescente diversidade cultural das populações pré-históricas até a vinda dos europeus para a América do Sul, no século XV.

A crescente diversidade dos habitantes

Os estudiosos de nossa história pré-colonial, a partir das evidências arqueológicas, podem afirmar que a maioria das regiões brasileiras foi ocupada por povos não ceramistas até 3 ou 2 mil anos atrás. A região Sul do Brasil teria sido domínio exclusivo de populações classificadas como das tradições Umbu e Humaitá, entre 12 e 2 mil AP, e, no litoral, dos grupos sambaquieiros (construtores de sambaquis, que são montões de conchas, restos de cozinha e de esqueleto depositados em praias, rios etc.), entre 8 e 2 mil AP. A região Sudeste foi dominada pelas mesmas populações, mas com uma ocupação mais antiga que chega aos 14.200 AP em São Paulo e médias de 12 mil AP em Minas Gerais. Na região Centro-Oeste, as datas mais recuadas alcançam 22 mil AP. No Nordeste, existem várias datas entre 11 e 8 mil AP, além de numerosas entre 35 e 14 mil AP. Na Amazônia, os sítios mais antigos alcançam até 12 mil AP. Mas em todas essas regiões, as datas poderão ser ainda mais recuadas com o avanço das pesquisas.

A interpretação do amplo contexto arqueológico do Brasil, à luz da teoria de Walter Neves, revisada por André Strauss e outros, nos permite sugerir que houve três etapas de ocupação humana do território.

A primeira etapa, ainda muito pouco conhecida, teria sido feita pelas populações paleoíndias que predominavam em grande parte do Brasil até 12 mil AP.

A segunda etapa iniciou-se com a colonização mongoloide, feita a partir do noroeste da América do Sul, que se espalhou de forma lenta pelo litoral sul-americano, representada pelas populações sambaquieiras, a partir de 10-9 mil AP, e mais devagar pelo interior, classificadas sob diversos rótulos pelos arqueólogos (Tradição Itaparica, Tradição Itaipu...). Seus equipamentos líticos e a forma das aldeias que formaram no interior possuem mais semelhanças com os produzidos pelos paleoíndios do que com os mongoloides posteriores, fato que levou pesquisadores a interpretarem os registros materiais como produto de um único tipo de população, mas os dados não são suficientes para um posicionamento a esse respeito.

A terceira etapa teve origem com os povos mongoloides que de início se fixaram na Amazônia e criaram a agricultura, a cerâmica e novos padrões demográficos e culturais de economia e organização social, a partir de 10-9 mil AP. Esses povos eram semelhantes em termos físicos aos da segunda etapa, porém, produziam uma cultura material muito distinta, em razão do crescimento demográfico, da modificação das formas das aldeias, do acréscimo da cerâmica a partir de 7 mil AP e de novos equipamentos líticos, como o ralador, o pilão e o machado polido, entre outros.

Nesse longo período, em particular entre 4 e 2 mil AP, segundo os arqueólogos Donald Lathrap (1927-1990) e José Proença Brochado (1936-), uma grande explosão demográfica na Amazônia causou a expansão geográfica de povos ceramistas e agricultores. Essa expansão ganhou impulso com o incremento da alimentação agrícola, menos rica que a da caça e coleta, mas mais abundante e favorável à maior diferenciação social, com o surgimento de chefias ou cacicados. Junto a essa nova forma de subsistência, foram desenvolvidas novas maneiras de se organizar a sociedade e as relações de poder (organização social mais hierarquizada e com lideranças definidas), com maior capacidade para conquistar e manter novos territórios. Essas novidades propiciaram uma vantagem geopolítica sobre as populações caçadoras-coletoras paleoíndias e mongoloides anteriores, que foram sendo pouco a pouco incorporadas, expulsas ou destruídas em seus territórios, cedendo lugar aos povos agricultores. Entendemos que a principal diferença foi o tamanho maior das populações agricultoras que pesou na disputa territorial, pois as evidências arqueológicas apontam para uma demografia menor nas populações caçadoras-coletoras. As evidências etnográficas também mostram a diferença entre a escassez populacional de caçadores e coletores, com poucos filhos, e o incremento humano com a agricultura e mesmo o crescimento do número de filhos por mãe. Isso se explica de diversas maneiras, mas constata-se que o aleitamento materno é mais longo entre os caçadores, o que aumenta o intervalo entre uma gravidez e outra. De novo, o convívio e o estudo de populações vivas em outros lugares fornecem preciosos elementos para interpretar os vestígios do passado mais remoto.

Essas mudanças, em termos arqueológicos, são representadas pela modificação brusca na sequência de ocupação dos horizontes arqueológicos a partir de 3 ou 2 mil AP, quando áreas típicas de grupos não ceramistas são ocupadas por povos ceramistas. Na fase de domínio dos povos não ceramistas, as evidências arqueológicas são similares e as diferenças indicam variações adaptativas, em vez da modificação causada por novas populações ou por novos desenvolvimentos tecnológicos. Parece que as ocupações mongoloides da segunda etapa não causaram diferenças significativas no âmbito dos artefatos líticos e dos tipos de habitação. Nas regiões Sul, Centro-Oeste, Sudeste e Nordeste, as sequências de ocupação são caracterizadas por repetições dos tipos de artefatos e de habitação ao longo de 10 ou 12 mil anos. A diferenciação mais marcante nessas regiões, durante esse período, são os sítios do tipo sambaqui que começaram a ser construídos no litoral atlântico e no baixo rio Amazonas ao redor de 8 mil AP. É apenas na Amazônia que as sequências de ocupação mostram sinais de mudanças gradativas, indicando diferentes processos de descoberta e invenção, em termos de subsistência e de cultura material.

Esse fenômeno demográfico e geopolítico, com o passar dos últimos quatro milênios, transformou o território brasileiro em um espaço onde passou a predominar a diversidade social e cultural entre os povos indígenas. Para se ter uma ideia da magnitude da diversidade dos povos indígenas, existiam, no final do século passado, cerca de 200 povos distinguidos por suas línguas, totalizando mais de 350 mil pessoas, podendo chegar até 500 mil, conforme o dossiê de fins do século passado *Populações indígenas no Brasil* (1996-2000). Em 2021, o IBGE já contava mais de 1 milhão e 100 mil indígenas. Falam-se, na segunda década do século XXI, mais de 150 idiomas diferentes, e se pode estimar que tenham sido faladas de 600 a mil línguas antes da chegada dos colonizadores.

Os povos pré-históricos podem ser constituídos por um pequeno grupo vivendo em uma única aldeia ou por milhares, vivendo em aldeias diferentes e ocupando imensos territórios. Quando Cabral chegou ao Brasil (1500), uma só língua poderia ser falada por até mais de um milhão de pessoas de uma mesma cultura, que residiam em aldeias separadas e tinham histórias distintas e poderiam também se considerar diferentes entre si. O leitor deve ter em mente que esse processo tão complexo e variado de diferenciação social começou com poucas pessoas ao tempo das primeiras ocupações da América do Sul e, vários milênios depois, ao tempo em que Cabral chegou aqui, eram milhões a ocupar quase todos os espaços do Brasil.

Aryon Rodrigues (1925-2014), um grande especialista em línguas indígenas, apoiado em documentos históricos, propôs uma estimativa sobre a quantidade de línguas faladas por povos diferentes no território brasileiro na época das primeiras penetrações dos europeus, com projeções feitas com base na densidade linguística das áreas onde há melhor informação histórica. A projeção alcançada foi da ordem de 1.200 línguas no início do século XVI, segundo a comparação com dados referentes à variação linguística em outras regiões das Américas, da África e da Ásia. Nos séculos seguintes à chegada de Cabral, teria havido uma drástica redução das línguas indígenas no Brasil, em particular em virtude da morte de muitos milhões de pessoas, na ordem de mais de 80%, uma perda incomensurável de diversidade cultural. Em termos demográficos, isso significa uma triste conta ainda a ser feita, esperando por pesquisas que possam revelar a dimensão do genocídio indígena. Esse genocídio foi resultado em grande parte da disseminação de doenças, para as quais os seres humanos do Velho Mundo (Europa, África e Ásia) tinham resistência, mas não os ameríndios. O desaparecimento das línguas nativas está ocorrendo em todo o mundo dado o processo de globalização, com 95% das línguas vivas em risco de extinção por causa da morte dos falantes e do abandono da língua nativa em favor de línguas dominantes, como o inglês, o francês, o espanhol, o português, o hindi e o chinês.

A diversidade cultural dos povos pré-históricos no Brasil deve ser considerada em vários aspectos. Destacaremos os que têm sido de emprego mais corrente nas pesquisas sobre a história pré-colonial do Brasil.

A diferenciação entre as línguas é um dos fatores da diversidade cultural que traduzem uma série de outras mudanças que ocorrem ao longo da história das sociedades. Aryon Rodrigues, em *Línguas brasileiras: para um conhecimento das línguas indígenas* (1986), resume como pode ser o processo de diferenciação linguística:

Embora constituídas a partir de princípios e propriedades comuns, as línguas estão sujeitas a grande número de fatores de instabilidade e variação, que determinam nelas forte tendência à constante alteração. Essa tendência é normalmente contrabalançada pela necessidade de mútuo ajuste entre os indivíduos de uma mesma comunidade social, ajuste sem o qual não se cumpriria a finalidade básica da língua, que é a comunicação explícita e, quanto possível, fácil. Quando as vicissitudes de uma comunidade humana acarretam sua divisão em duas ou mais subcomunidades ou novas comunidades, reduz-se o contato entre as pessoas paradas nessas novas comunidades e, em consequência, diminui a necessidade de ajuste e aumenta a diferenciação linguística entre os grupos humanos correspondentes. Se as novas comunidades, resultantes da divisão do que foi antes uma só comunidade com uma só língua, distanciam-se no espaço geográfico e perdem de todo o contato entre si, desaparece inteiramente a necessidade de ajuste comunicativo entre elas. Nesse caso, as alterações linguísticas que ocorrem em cada comunidade não serão mais reajustadas em comum e, por não coincidir em muitos casos, vão constituir diferenças entre suas falas. Estas se tornarão línguas diferentes, cada vez mais diferentes à medida que o correr do tempo expuser uma a outra às circunstâncias mais variadas.

A separação entre comunidades, ao mesmo tempo que pode resultar em novas línguas, também poderá formar múltiplas diferenças em termos materiais, econômicos, sociais, políticos e cosmológicos (visões de mundo). É provável que algumas comunidades tenham reproduzido por muito tempo as mesmas características materiais e simbólicas, enquanto outras podem ter tido condições para modificar-se a tal ponto que ficaram muito diferentes entre si.

A origem dessa diversidade possui muitas causas, incluindo a combinação aleatória de fatores, como o contato interétnico, as invenções tecnológicas, a adaptação a determinados ambientes, a descoberta ocasional ou intencional de plantas e minerais úteis, as trocas econômicas, as trocas matrimoniais e as trocas simbólicas, aos processos históricos paralelos e diferenciados de cada povo.

Vamos citar o caso da diversidade entre os povos falantes das línguas tupis como um exemplo dentre os povos indígenas mais conhecidos pelos especialistas. O tupi serviu de base para a chamada "língua geral", uma espécie de língua franca, usada ainda até hoje. O padre José de Anchieta (1534-1597) já em 1556 havia escrito a *Arte de gramática da língua mais usada na costa do Brasil*, obra publicada em Coimbra, em 1595, a ressaltar a precocidade do seu estudo. (Hoje, pode consultar-se on-line o fac-símile da primeira edição na Biblioteca Mindlin da USP.) A língua geral foi dominante no interior do continente até fins do século XVIII, quando o Marquês de Pombal (1699-1782) interveio para impor o português e proibir o ensino do tupi, em 1758. Essa proibição de ensino não significou, claro, o abandono do uso da língua tupi falada. (No Paraguai, o guarani não só é usado até hoje, como também é idioma oficial, junto ao espanhol.)

Voltemos ao passado do idioma tupi. A interpretação mais aceita, com base na análise de vários aspectos fonéticos e gramaticais, é a de que uma língua original, chamada de "prototupi", primeiro se dividiu em sete línguas entre 6 e 3 mil AP, que deram origem às "famílias linguísticas". Entre 4 e 2.500 AP, essas famílias dividiram-se em pelo menos 41 línguas (sem contar as que foram extintas antes dos estudos linguísticos). Essa diversificação ocorreu no decorrer do processo de crescimento demográfico e expansão das populações amazônicas que mencionamos. A maioria dos povos tupis permaneceu na região amazônica, na área ao sul do grande rio Amazonas; mas alguns povos tupis, com destaque para a família tupi-guarani, realizaram grandes expansões geográficas em razão do crescimento demográfico que permitiu a conquista de enormes porções de terra, atingindo milhares de quilômetros de distância da Amazônia. Os falantes das línguas tupinambás, da família tupi-guarani, ocuparam a maior parte da costa brasileira entre Ceará e São Paulo, e as regiões adjacentes dos principais rios que deságuam no mar, como o Paraíba, o Doce, o São Francisco e outros tantos de menor porte. Os falantes do guarani, outro ramo do tupi-guarani, dominaram extensas regiões no interior do Brasil, nas bacias dos rios Paraguai, Paraná, Uruguai e dos seus maiores afluentes, bem como do litoral entre o Paraná e o Rio Grande do Sul.

EXPANSÃO TUPI

"Por um período de quase 10 séculos, os povos nativos da América do Sul falantes de línguas tupi prosperaram e se dispersaram por vastas áreas do continente. Em um evento demográfico e migratório iniciado há quase 3 mil anos, eles partiram do sudoeste da Amazônia e, percorrendo rios e terra firme, ocuparam da costa do Atlântico ao sopé dos Andes, alcançando também territórios ao sul do rio da Prata – algumas dessas regiões estão a mais de 5 mil quilômetros (km) de distância umas das outras. Conhecida como 'expansão tupi', essa diáspora durou mais de um milênio e possivelmente só encontra paralelo na disseminação dos povos de língua banto do oeste para o centro e sul da África, ocorrida mais ou menos no mesmo período. Nessa conquista de boa parte da América do Sul, inferida a partir de registros arqueológicos, etnográficos e linguísticos, os tupi expulsaram alguns povos e assimilaram outros, espalhando sua cultura e língua, sem perder o domínio sobre os territórios antigos.

> Análises das características genéticas de 75 indivíduos de 13 povos atuais falantes de línguas tupi sugerem agora que essa expansão territorial pode ter sido acompanhada de um expressivo crescimento demográfico, que multiplicou por 100 a população tupi. Comparando a extensão de trechos do genoma compartilhados pelos integrantes dessas etnias, a equipe coordenada pela geneticista Tábita Hünemeier, da Universidade de São Paulo (USP), concluiu que esse incremento populacional teria começado por volta de 2.100 anos atrás e atingido seu auge próximo ao ano 1000, quando, de acordo com os cálculos, a população tupi pode ter somado entre 4 milhões e 5 milhões de indivíduos, um contingente quase comparável ao que integraria séculos mais tarde a população do Império Inca na cordilheira dos Andes."
> (ZORZETTO, Ricardo. "Ascensão e declínio dos tupi". *Pesquisa Fapesp*, n. 331, jan. 2022. Disponível em: <https://revistapesquisa.fapesp.br/ascensao-e-declinio-dos-tupi/>. Acesso em 10 ago. 2022.)

Povos falantes de outras línguas também passaram por fenômenos similares de crescimento demográfico e variação linguística, conquistando territórios em áreas distantes da Amazônia entre 6 e 2 mil AP. É o caso dos falantes das línguas macro-jês, consideradas mais antigas que as línguas tupi, das línguas karib, aruak e muitas outras que formam conjuntos isolados ou de poucas línguas. Os falantes de todas essas línguas expandiram-se ao mesmo tempo graças ao suporte da agricultura, algumas vezes competindo pelos mesmos espaços, mas sempre conquistando os territórios dos povos que eram só caçadores-coletores. Os povos macro-jês ocuparam apenas a serra Geral e partes do litoral, tendo sido a primeira grande vaga de expansão amazônica pós-7 mil AP. A seguir, os povos tupis, que ocuparam as áreas já mencionadas e disputaram com os povos macro-jês diversas áreas da serra Geral, como os vales dos rios São Francisco, Doce e outros de menor grandeza. A expansão aruak se iniciou ao redor de 6 mil AP, da Amazônia central para a Colômbia e Venezuela até o Caribe e, depois, para algumas áreas da bacia dos rios Paraguai e Paraná. Também houve a expansão dos povos karib, a partir de 6 ou 5 mil AP, cujas concentrações mais significativas estão situadas ao norte do rio Amazonas e em algumas áreas da Amazônia central e leste. Teríamos ainda de considerar a consequência dessas expansões sobre povos "menos expressivos" em termos demográficos, falantes de numerosas línguas "isoladas".

Esse modelo linguístico é muito sugestivo para o desenvolvimento de explicações, bem como para refletir sobre a vasta e complexa gama de continuidades e mudanças históricas ocorridas no cenário das ocupações e da história das populações indígenas. Na verdade, estamos diante de um passado ainda muito pouco conhecido, cujas pesquisas ainda estão no início.

Diante do estágio atual em que se encontram as pesquisas, com base na cultura material, podemos considerar duas fases marcantes dos processos da ocupação humana do Brasil. A primeira fase vai desde o início da ocupação humana (com a chegada dos primeiros humanos) até cerca de 7-6 mil AP (em algumas regiões, como o Sul do Brasil, até 2-1 mil AP). A segunda fase inicia por volta de 8-7 mil AP e vem até o presente.

A primeira fase foi a do predomínio das populações caçadoras-coletoras paleoíndias e mongoloides. Em termos materiais, foi marcada por uma aparente e contínua reprodução de artefatos semelhantes, de padrões de assentamento parecidos e por um padrão de dieta meio constante. Em diversos lugares, após a extinção dos grandes mamíferos, verificou-se que essa continuidade se manteve constante por mais de 8-9 mil anos (mais ou menos entre 10 e 1 mil AP).

Não sabemos, no entanto, se essa incrível continuidade também ocorria na organização social, na cosmologia e em outros aspectos dessas sociedades, pois, ainda que reproduzindo a mesma cultura material, muitos aspectos simbólicos podem ter-se modificado sem que as pesquisas ainda tenham conseguido constatar tais mudanças. Por analogia com outros períodos históricos, em outros continentes e por meio da etnografia, podem-se supor tanto o compartilhamento de traços e tradições culturais, como uma grande diversidade, em cada lugar, época e grupo humano específico. Dentre os traços compartilhados, a importância dos animais, tanto no cotidiano dos povos, como nas cosmogonias. Já as particularidades podem ser só vislumbradas, mas devia haver narrativas bastante diversas sobre os aspectos simbólicos da relação com os animais.

A segunda fase foi, como vimos, a das grandes expansões dos povos amazônicos, graças aos muitos processos de criação e inovação material ocorridos entre 10 e 5 mil AP e marcados por uma mudança radical na maior parte do território do Brasil. Houve o desenvolvimento da agricultura e das tecnologias materiais (por exemplo, a cerâmica), além de um crescimento demográfico generalizado. As populações envolvidas nesses múltiplos e complexos processos mudaram o panorama antropológico do Brasil, à medida que se expandiam sobre as áreas que eram ocupadas pelos caçadores ou pescadores-coletores. Nesse processo, muitas das populações que viviam conforme o padrão material da economia de caçadores ou pescadores foram absorvidas ou eliminadas pela imensa onda de expansão das populações agricultoras. A generalização da guerra foi uma das características dessa segunda fase. O antropólogo pioneiro Florestan Fernandes (1920-1995), ao estudar os tupinambás, deu bem o tom ao tratar do que chamou de "função social da guerra": gerir ou manejar conflitos entre grupos humanos. Ainda que a violência entre grupos de caçadores-coletores não seja desconhecida, naquelas sociedades, no presente e no passado, os conflitos são excepcionais, já que os grupos não competem, em geral, pelos mesmos recursos de subsistência. Essa segunda fase, agrícola, transformou de maneira radical o relacionamento humano e ambiental.

> **CAÇADORES-COLETORES PACÍFICOS**
>
> O arqueólogo e pré-historiador francês Jean-Paul Demoule (1947-) declarou em 2022:
>
> "Não se encontra nenhum sítio arqueológico que testemunhe violências organizadas antes do fim do Paleolítico Superior. Até hoje, só se conhecem dois massacres pré-históricos entre os caçadores-coletores: no Sudão, no Nilo, há 12 mil anos, e em Nataruk, no Quênia, há 9 mil anos, em ambos os casos numa zona ecológica favorável que pode ter suscitado a rivalidade."
>
> (DEMOULE, Jean-Paul. Qui a peur des migrations? Entrevista a Baudouin Eschapasse. *Les Point*, Paris, 25 mar. 2022. Disponível em: <https://www.lepoint.fr/culture/jean-paul-demoule-qui-a-peur-des-migrations-25-03-2022-2469568_3.php>. Acesso em: 26 jun. 2022.)

Tendo em vista as pesquisas mais recentes, defendemos a hipótese de que não ocorreu, portanto, um desenvolvimento generalizado dentro dos parâmetros evolucionistas. As populações caçadoras e pescadoras de fora da Amazônia não desenvolveram novas tecnologias, nem criaram novos artefatos e formas sociais que caracterizaram a segunda fase, pois parece que viveram em equilíbrio e sem a concorrência de modos distintos de vida por muitos milênios — até as expansões e a chegada dos povos agricultores e ceramistas que as sobrepujaram. Como propusera o antropólogo Marshall Sahlins (1930-2021), esses caçadores-coletores viviam bem, em colaboração no interior do grupo e não tinham motivos para querer outro tipo de vida.

Se o modelo que Walter Neves e seus colegas apresentam estiver correto, ele lança uma nova compreensão e a possibilidade de uma explicação clara da pré-história do Brasil. Seria um processo, guardadas as devidas proporções, parecido com a expansão do *Homo sapiens* sobre a Europa dominada pelo *Homo neanderthalensis*, que culminou com a completa substituição dos últimos pelos primeiros. Também na Europa, há duas hipóteses sobre esse processo. A maioria dos estudiosos acredita que os neandertais tenham sido substituídos pelo *Homo sapiens*, ainda que alguns pesquisadores defendam o cruzamento entre os dois tipos de antropoides. Como atestado pela presença genética neandertal nos humanos, houve cruzamento esporádico, mas pouco significativo. Nós, os autores, preferimos adotar a interpretação da orientação geral desse modelo europeu – a substituição –, compartilhada com a maior parte dos pesquisadores atualmente. No caso do continente americano, qualquer que seja a origem genética dos primeiros habitantes caçadores-coletores, parece claro que foram de fato sendo substituídos por agricultores. Processo semelhante pode ser observado na África, com a expansão bantu, análoga à tupi, e o afastamento de grupos caçadores-coletores, como os bosquímanos. Nesse processo, pode ter também ocorrido a incorporação de populações de caçadores-coletores em grupos agricultores, como se infere para outros continentes.

Em quase todo o Brasil não amazônico, a mudança no estilo de vida dos habitantes do território, excetuando a região dos sambaquis e algumas áreas pequenas do interior, é radical, sem estágios intermediários que atestem gradações de desenvolvimento do modelo típico caçador-coletor para o modelo agricultor. Isso foi verificado em todo o Brasil e na América do Sul, pois o estudo sistemático de todas as informações obtidas revela mudanças na Amazônia a partir de 8 mil anos atrás, que parecem ter chegado por volta de 2 ou 1 mil AP às áreas meridionais brasileiras. As mudanças seguem uma direção mais ou menos contínua, do noroeste da América do Sul para as demais regiões, considerando que na Amazônia está a origem da agricultura e da cerâmica, que representam a maior diferença material entre esses povos e os caçadores e pescadores.

A EXPANSÃO DA AGRICULTURA

Todas as sociedades humanas, em maior ou menor grau, valeram-se das plantas como alimento, remédio e matérias-primas para confeccionar os seus objetos, redundando na asserção de que o *Homo sapiens* sempre pesquisou para conhecer a utilidade das plantas. Diversas provas arqueológicas revelaram que muitas espécies, consideradas agrícolas, já eram consumidas por sociedades com modalidades econômicas do tipo "caçador-coletor" antes que se configurasse a agricultura típica da floresta tropical, realizada em clareiras abertas no interior da mata.

Os dados mais recentes apontam para a área amazônica – Peru, Equador, Colômbia, Venezuela e Brasil – como a região original da agricultura na América do Sul. Existe hoje certo consenso de que a agricultura da América do Sul foi criada e desenvolvida em virtude das condições geradas pela diversidade da flora tropical e pela soma gradual de conhecimentos construídos em várias partes da Amazônia. Poderia, também, de um ponto de vista mais controverso nesse momento, ser fruto de um novo modelo de se relacionar e explorar os recursos naturais, desenvolvido de acordo com a entrada das populações mongoloides. Isto é: essas populações teriam uma relação distinta com a vegetação, considerando-a e explorando-a com outras perspectivas que terminaram por configurar os vários sistemas agroflorestais reconhecidos entre as populações indígenas na América do Sul. Os paleoíndios, por sua vez, não praticavam a agricultura, mas consumiam vegetais e deviam manejar algumas espécies. Enquanto as populações mongoloides desenvolviam seus conhecimentos botânicos, descobriam novos alimentos e criavam equipamentos para processá-los, as populações paleoíndias seguiam reproduzindo seus padrões de subsistência na aparência mais restritos em termos de produção alimentar a partir de vegetais.

Parece que o hábito de "pesquisar" mais a flora seria uma vantagem decisiva para o constante crescimento demográfico e para a diversificação cultural dos povos mongoloides, contraposta a outro tipo de relação que os povos paleoíndios tinham com as plantas. É muito provável que tenha havido uma distinção importante entre os povos que participaram do desenvolvimento da agricultura e os que ficaram à margem dela. Quando a agricultura assumiu a forma hoje conhecida, entre 6 e 5 mil AP, acompanhada de um desenvolvimento tecnológico específico para transformar e processar seus estoques alimentares, as populações que dela se beneficiaram cresceram bastante e tornaram-se cada vez mais sedentárias, pois não tinham mais tanta necessidade de se deslocar em busca do alimento. Mudaram também as suas estruturas societárias e políticas. Acreditamos que a principal mudança social e política decorreu da nova necessidade de dominar e manejar territórios definidos, enquanto os paleoíndios teriam outras formas de se organizar para administrar seus territórios (que ainda desconhecemos). Isto é, mudando de territórios de acordo com a época do ano, os grupos paleoíndios teriam uma organização social que se fragmentava ou reconstituía conforme o período do ano, resultando que em certos meses do ano – em determinados lugares – os agrupamentos seriam maiores ou menores. Os povos sedentários, mongoloides, por sua vez, mantinham uma constância no tamanho das suas populações e na forma das suas organizações sociais.

É nesse período entre 6 e 4 mil AP que os linguistas sugerem que se tenha iniciado a diversificação linguística, em decorrência de múltiplos processos de separação e diferenciação de populações originais, a exemplo dos povos falantes das línguas jê, tupi, aruak e karib. A diversificação ocorreu na Amazônia, em concomitância com o desenvolvimento da agricultura e o crescimento demográfico, sendo provável que uma tenha influenciado a outra (mas ainda desconhecemos detalhes da história e da complexidade desses processos).

O reflexo desse crescimento demográfico foi a expansão dos povos mongoloides sobre os paleoíndios. Raras áreas, por conta de limitações ambientais, deixaram de passar por essas substituições, como algumas porções do pampa gaúcho e de outras partes do Brasil, em que a estrutura dos solos não permitia a existência de cobertura arbórea e arbustiva de grande porte, condicionantes para a prática da agricultura de floresta tropical.

As populações mongoloides encontraram na América do Sul as condições vegetais ideais que favoreceram o desenvolvimento da agricultura de floresta tropical. É provável que trouxessem os mesmos elementos culturais presentes no processo de predomínio de populações indígenas de origem mongoloide (chamado também de "mongolização") nas demais regiões tropicais do Pacífico e da Ásia. Os grupos mongoloides teriam na base da sua estrutura as mesmas práticas culturais que levaram à criação e ao desenvolvimento da agricultura em toda essa imensa região, a partir de 10-9 mil AP. Essa peculiaridade teria fornecido os aspectos mais comuns, como técnicas e ferramentas usadas para construir uma roça, que foram encontrados nos diversos centros "independentes" de criação da agricultura típica da floresta tropical ao redor do mundo.

De qualquer forma, o fato é que os paleoíndios possuíam uma maneira distinta de se relacionar com a vegetação, sem manejá-la do mesmo modo e com a mesma intensidade empregados nas práticas dos mongoloides que, depois, resultaram na agricultura de floresta tropical praticada na América do Sul. Não temos, porém, informações precisas do primeiro uso das plantas, se os paleoíndios faziam apenas a coleta ou se já praticavam alguma modalidade de manejo, como a concentração de certas espécies. Sabemos, entretanto, que não usaram os mesmos equipamentos que os mongoloides para processar as plantas, pois artefatos típicos para o processamento de vegetais só começam a aparecer a partir de 7 mil AP.

As plantas "típicas" dos povos agricultores já eram exploradas por meio da coleta e consumidas antes de a agricultura de floresta tropical ter sido "inventada". O consumo de plantas não se confunde, contudo, com a agricultura.

O que explicaria a existência de grupos com práticas diferenciadas: entre os que apenas coletavam certas plantas e os que cultivavam essas mesmas plantas? A explicação estaria nos diferentes sistemas culturais, uma vez que os paleoíndios teriam à sua disposição as mesmas condições ambientais e algumas das plantas que as populações posteriores. Seus diferentes sistemas culturais de subsistência deram respostas distintas, desenvolveram relações desiguais com as fontes de subsistência, com o ambiente e com outros aspectos de ordem tecnológica. Ou seja, embora as populações paleoíndias conhecessem a função das plantas e as explorassem, tinham estímulos e razões próprias para se relacionarem com as plantas de uma forma de todo diversa das populações mongoloides. Contudo, ainda não sabemos determinar o motivo dessa diferença e não queremos fazer afirmações do tipo "eles não sabiam que podiam ser plantadas" ou "não se interessaram em plantá-las". Como vimos no capítulo anterior, não parece razoável supor que só os fatores geográficos e ecológicos expliquem o comportamento dos grupos humanos, pois em condições muito semelhantes criam-se modos de comportamento social e de utilização da natureza bastante variados. Como vimos, se viviam bem da coleta de alimentos, para que plantar?

É possível, mesmo quando postulamos a hipótese de uma diferença radical entre os sistemas paleoíndios e mongoloides, que tenham ocorrido tipos diferentes de relações interétnicas, que os grupos paleoíndios tivessem transmitido seus conhecimentos botânicos aos povos mongoloides à medida que estes entravam na América do Sul e no Brasil. É provável que, em todas as regiões, tenham existido oportunidades e interesses para trocas de conhecimentos e experiências. Esses novos conhecimentos, somados aos saberes tradicionais que os mongoloides já dominavam, estariam na origem das técnicas de manejo agroflorestal, na base da agricultura de floresta tropical e no que hoje conhecemos como florestas "antropogênicas" (resultado da ação humana sobre a vegetação de determinadas áreas).

Com a manipulação das novas plantas, foi necessário o desenvolvimento de novos equipamentos e técnicas de processamento dos vegetais, como vasilhas cerâmicas, pilões, prensas de mandioca, raladores, o cozimento e a torração. Teríamos também o surgimento de diferentes simbologias relacionadas a essas novas descobertas, a exemplo de mitos sobre a origem da agricultura, bem como mudanças nas esferas sociais, econômicas, políticas e religiosas, resultando em modificações nos arranjos sociais e políticos tradicionais, tendo em vista o maior grau de sedentarismo e circunscrição territorial. À medida que aumentava a permanência em um mesmo local e que a população crescia, novos tipos de organização social foram criados para harmonizar a relação entre os indivíduos, como resposta às novas formas de dominar os espaços. Dominar acabaria significando também guerrear, assim como a criação de rituais associados à guerra e à captura de inimigos, sua morte ritual e o consumo do seu corpo, como na antropofagia tupinambá, bem atestada em época colonial.

> **UM OUTRO OLHAR SOBRE A ANTROPOFAGIA**
>
> Em meio aos massacres de católicos e protestantes, uns nas mãos dos outros, que ocorriam em sua época, o filósofo francês Michel de Montaigne (1533-1592) observou que o canibalismo tupinambá podia ser visto como algo muito menos violento do que a matança europeia, ocorrida entre chamados "civilizados".
>
> Esses povos guerreiam os que se encontram além das montanhas, na terra firme. Fazem-no inteiramente nus, tendo como armas apenas seus arcos e suas espadas de madeira, pontiagudas como as nossas lanças. E é admirável a resolução com que agem nesses combates que sempre terminam com efusão de sangue e mortes, pois ignoram a fuga e o medo. Como troféu, traz cada qual a cabeça do inimigo trucidado, a qual penduram à entrada de suas residências. Quanto aos prisioneiros, guardam-nos durante algum tempo, tratando-os bem e fornecendo-lhes tudo de que precisam até o dia em que resolvem acabar com eles. Aquele a quem pertence o prisioneiro convoca todos os seus amigos. No momento propício, amarra a um dos braços da vítima uma corda cuja outra extremidade ele segura nas mãos, o mesmo fazendo com o outro braço que fica entregue a seu melhor amigo, de modo a manter o condenado afastado de alguns passos e incapaz de reação. Isso feito, ambos o moem de bordoadas às vistas da assistência, assando-o em seguida, comendo-o e presenteando os amigos ausentes com pedaços da vítima. [...] Não me parece excessivo julgar bárbaros tais atos de crueldade, mas que o fato de condenar tais defeitos não nos leve à cegueira acerca dos nossos. Estimo que [...] é pior esquartejar um homem entre suplícios e tormentos e o queimar aos poucos, ou entregá-lo a cães e porcos, a pretexto de devoção e fé, como não somente o lemos mas vimos ocorrer entre vizinhos nossos conterrâneos; e isso em verdade é bem mais grave do que assar e comer um homem previamente executado.
>
> (MONTAIGNE, Michel de. Dos canibais – capítulo XXXI do Livro 1 dos *Ensaios*. Trad. J. Brito Broca e Wilson Lousada. Disponível em: <https://fabiomesquita.files.wordpress.com/2015/04/montaigne-michel-de-dos-canibais-ensaios.pdf>. Acesso em: 3 ago. 2022.)

A hipótese sobre a exploração contínua da pesca em algumas áreas considera que a redução da circulação em busca de alimentos teria aumentado o tempo de permanência em certos locais. Hoje, os pesquisadores pensam que essa permanência possibilitou oportunidades para que as plantas fossem estudadas com maior detalhe a respeito da sua utilidade, ecologia, conservação, reprodução e aperfeiçoamento genético.

As descobertas das últimas três décadas vêm apontando para a comprovação da hipótese original de Donald Lathrap, a partir de exemplos verificados nas áreas tropicais da América Latina, África e Ásia, sobre a ocorrência de um estágio anterior à agricultura, com plantios feitos no quintal das habitações. Para ali seriam levadas as plantas coletadas na floresta, em uma crescente variedade de espécies usadas para diversos fins, resultando na necessidade de abrir clareiras específicas para cultivar perto das moradias, formando as primeiras roças de coivara (corte e queima), cujas evidências mais antigas alcançam 5.700 anos (mas devem ser ainda mais antigas).

Após a escolha do local do plantio, o primeiro passo é a derrubada da vegetação, que fica secando por um curto período até estar em condição de ser queimada para que se limpe a superfície do terreno onde será feito o plantio. Essa técnica também é conhecida como "roça de coivara", e a sua extensão varia conforme o tamanho da população e as diferenças entre cada povo.

O principal aspecto desse tipo de cultivo é a concentração de espécies visando a uma produtividade maior em um mesmo espaço. O cultivo de palmeiras deve ter sido pioneiro em termos de concentração, em virtude das múltiplas ofertas que as suas variadas espécies propiciam: frutos e palmitos, bem como matérias-primas para a confecção de uma ampla gama de artefatos de uso cotidiano.

As espécies mais comuns na agricultura de floresta tropical são divididas em dois grupos gerais: as tuberosas e as graníferas. Hoje, a maior parte dessas plantas é considerada domesticada, ou seja, depende dos humanos para sua reprodução e manejo, e muitas delas estão com frequência presentes nas nossas mesas.

As tuberosas mais importantes são a mandioca (*Manihot esculenta*), a batata-doce (*Ipomoea batatas*), o taiá (*Xanthosoma sagittifolium*), o cará (*Dioscorea trifida*), a calateia ou caeté (*Calathea allouia*) e a araruta (*Maranta arundinacea*). As graníferas mais cultivadas são o milho (*Zea mays*), o feijão (*Phaseolus lunatus*), a fava (*Canavalia ensiformis*), o amaranto (*Amarantus spp.*), a quina (*Chenopodium spp.*), o amendoim (*Arachis hypogaea*), o pimentão (*Capsicum annuum*) e a pimenta (*Capsicum sp.*).

Uma larga quantidade de frutas, incluindo as abóboras (*Cucurbita spp.*), também era cultivada nas roças de nossos ancestrais pré-históricos, chegando a centenas de espécies regionais ou continentais.

Muitas dessas espécies apresentavam mais de uma variedade, em muitos casos resultado de melhoramento genético. Hoje, em algumas partes da Amazônia, podem ser encontradas mais de 100 variedades de mandioca não tóxica nas roças dos povos aguarunas e uambisas (Peru). Em um conjunto de aldeias dos tukanos, no rio Uapés, foram encontrados até 137 cultivares de mandioca amarga. O milho chega a ter 250 variedades, o amendoim, mais de 100 e a batata-doce, mais de 200. Os guaranis, por exemplo, possuíam no século XVII pelo menos 21 cultivares de batata-doce, 13 de milho, 7 de amendoim e 16 de feijões – isso possibilitava várias colheitas ao longo do ano, propiciando um equilíbrio na ingestão anual de alimentos graças à contínua produção agrícola.

Há exemplos numerosos da variedade de espécies de plantas por toda a América do Sul. Com base nas informações da magnífica síntese das arqueólogas Dolores Piperno (1949-) e Débora Pearsall (1950-), no livro *As origens da agricultura nas terras baixas neotropicais* (1998), diversos vestígios das plantas mencionadas a seguir foram encontrados em sítios arqueológicos antigos, alcançando datas de até 10 mil AP e revelando que elas eram consumidas muito antes da configuração da agricultura indígena de floresta tropical tal como é conhecida hoje.

A mandioca já está datada em cerca de 8.400 anos no vale de Zaña, região noroeste do litoral do Peru, a partir de restos macrobotânicos e de partículas de amido sobre implementos usados para ralá-la. Corpos de sílica presentes no caeté foram encontrados em sítios arqueológicos datados em até 10 mil anos atrás no Equador e no Panamá, e há cerca de 9.600 anos, na Colômbia. Partículas de taiá, batata-doce e mandioca também foram encontradas em instrumentos usados para ralar, no sudoeste da Colômbia, vale de Cauca, datados entre 10 e 9.500 anos. Pedras usadas para ralar apresentaram resíduos de araruta igualmente no vale de Cauca, datados entre 10 e 9.500 anos. O amendoim foi datado no Peru a partir de 8.400 anos. As favas atingem 5 mil e 500 anos de antiguidade na península de Santa Helena, Equador. O milho mais antigo foi encontrado na costa do Equador, datado entre 10 e 7 mil anos, mas deve ter figurado como planta agrícola na Amazônia após 5.300 anos.

Tais evidências indicam bem que essas plantas eram cultivadas de forma sistemática, mesmo que de modo isolado, desde há pelo menos 6 mil anos. Imaginamos que o processo de contato entre as populações paleoíndias e mongoloides e a troca de informações culminaram na contínua agregação dessas espécies de plantas, de maneira a configurar as roças tal como são conhecidas na atualidade, formando um consórcio de diversas plantas cultivadas ao mesmo tempo em clareiras no meio da floresta.

Após alcançar sua forma definitiva, quanto à sua estrutura e ao conteúdo, resultado de pelo menos 5 mil anos de desenvolvimento histórico e troca de experiências, as roças chegaram a constituir unidades de produção agrícola capazes de manter grandes populações. O cultivo a partir desse período não era realizado só em um espaço, mas também em vários, abertos a cada ano, de modo a garantir produções paralelas de alimentos em roças novas e mais velhas. Havia a roça do ano e outras roças abertas em anos anteriores. A anual ou "roça nova" produzia, em particular, as espécies mencionadas (entre outras), enquanto as mais antigas produziam apenas algumas das plantas arroladas. À medida que a roça ficava mais antiga, de forma gradual recebia o plantio de espécies que produziam remédios e matérias-primas diversas que, muitas vezes, seriam cultivadas com as demais plantas de agricultura. Essas áreas podiam ficar em pousio por alguns anos, 10, 20, 30 ou mais anos, por causa da recuperação do solo e do crescimento de espécies que demoravam a maturar seus frutos ou produzir outros produtos desejados. Muitas dessas áreas de pousio acabavam por tornar-se somente áreas de coleta no meio da floresta. Um grande exemplo de que certos grupos do passado distante desenvolveram a capacidade de previsão em longo prazo é a castanha-do-pará, cujos frutos só são consumidos pelos netos dos que a plantaram. Há numerosos outros exemplos parecidos, proporcionais à imensa variedade de plantas tropicais úteis para a humanidade.

As roças novas produziam em média por até 4 ou 5 anos, mas também podiam produzir por mais tempo de acordo com o solo ou com as espécies cultivadas. Isso significa que, muitas vezes, as populações podiam ter várias roças "anuais" produzindo o suficiente para a alimentação, assim como excedentes para a realização de festas e para trocas entre as aldeias. As roças, em geral, pertenciam às famílias nucleares (pai, mãe, filhos), que compunham as comunidades, cultivando unidades entre 2 a 5 hectares de área. Cada família teria em média uma unidade de roça nova aberta por ano, mas, dependendo de interesses pessoais ou relações sociais, algumas famílias poderiam ter várias roças novas/ano. As famílias poligâmicas (homem com várias mulheres e filhos) teriam unidades de roça maiores, com 8, 10 ou mais hectares. Assim, cada família nuclear poderia, com facilidade, alcançar até 20 ou mais hectares/ano para produzir alimentos para si e para festas e trocas (as famílias poligâmicas teriam esse aumento de modo proporcional).

Além das áreas específicas de roça, outros espaços também foram cultivados, visando maximizar tanto a variedade como a quantidade de produção de plantas úteis ao longo do ano. Eram aproveitados os pátios das habitações, as trilhas, as clareiras abertas pela queda de grandes árvores e outros nichos. Esses sistemas agroflorestais que ainda hoje são mantidos devem ter sido configurados no passado distante, com a criação da agricultura.

Só para que se tenha uma ideia da dimensão desses cultivos fora da roça, usamos as informações que Darrell Posey (1947-2001) registrou no final da década de 1970 (publicadas em "Manejo de floresta secundária, capoeira, campos e cerrados (kayapó)", na *Suma Etnológica Brasileira,* 1986), de uma das trilhas construídas pelos gorotires, subgrupo kayapó que, hoje, vive no Parque Nacional do Xingu, as quais podem nos dar uma boa ideia da vida antes da chegada dos europeus:

> [...] as margens desses caminhos conformam zonas de cultivo. Com efeito, é comum encontrar faixas limpas de árvores com 4 m de largura. Torna-se difícil calcular a extensão dessas trilhas [...]. Uma estimativa conservadora avalia em 500 km a extensão dos caminhos abertos pelos gorotires [...] medindo cerca de 2,5 m de largura. Como se vê, a área remanejada é ponderável. As margens das trilhas são plantadas com numerosas variedades de inhames, batata-doce, marantáceas, cupá, zingiberáceas, aráceas e outras plantas tuberosas não identificadas. Centenas de plantas medicinais e árvores frutíferas também contribuem para diversificar essa flora plantada. Vejamos um exemplo: o levantamento feito numa trilha de 3 km [...] constatou a existência de: 1) 185 árvores plantadas, representando pelo menos 15 espécies diferentes; 2) aproximadamente 1500 plantas medicinais pertencentes a um número indeterminado de espécies; 3) cerca de 3500 plantas alimentícias de um número igualmente não identificado de espécies.

Além das plantas em si, as áreas cultivadas funcionavam como verdadeiros atrativos para animais diversos, em virtude da concentração de alimentos. Isso ampliava a capacidade das populações agricultoras de obter comida, em particular sob a forma de proteínas e lipídios essenciais para a sobrevivência. Com maior ou menor intensidade, eram espalhados diversos e engenhosos tipos de armadilhas para capturar animais, desde os maiores mamíferos (antas, veados, catetos, capivaras) até os menores (roedores diversos), aves e répteis. A pesca também era outra fonte de recursos alimentares, havendo várias modalidades de captura de peixes com armas, como a lança e o arco e flecha, com venenos, redes e armadilhas variadas instaladas em corredeiras e locais de afunilamento das águas, propiciando a obtenção de até várias toneladas de peixes. A coleta de moluscos e insetos (formigas, cupins, larvas de borboletas e outros), associada ao consumo de determinadas plantas e fungos, também proporcionava quantidades consideráveis de alimentos proteicos. Topônimos comuns no Brasil atestam a importância da pesca, como em Piratininga (peixe no seco), Pirassununga (peixe barulhento), Piraí (peixinho), Piraputanga (peixe avermelhado), Pirapora (salto do peixe), Piraju (peixe amarelo), entre outros. Esse conhecimento dos locais de pesca vem do passado mais recuado.

A pesca nem sempre é lembrada, nos dias de hoje, por muitos motivos. Pescados são caros e nem tão consumidos, no mundo e no Brasil, em particular. Para muitos, a pesca como atividade passou a ser associada à diversão, ou a ofício de pescadores, um grupo muito limitado. Com a morte da vida nos rios e a poluição em praias e mares, a cultura ligada a eles também se tornou menos evidente. Hoje, pescado é conhecido e consumido como resultado de criações em viveiros, transformando os recursos marinhos, quase tão industrializados como o gado ou a agricultura. Atum e sardinha enlatados são a quintessência desse processo, que inclui tilápia e salmão criados em viveiros. Nesse contexto, a pesca tradicional, anterior ao século XX, foi em grande parte esquecida. Mas ainda hoje temos muitas evidências da importância da pesca entre grupos indígenas, como os guatós, no Mato Grosso e no Mato Grosso do Sul, pescadores exímios, famosos por seus remos e caniços, ainda que praticassem também a caça, a coleta e a agricultura. Em 1875, José V. de Couto Magalhães (1837-1898) denominava os guatós a "tribo de navegantes eternos". Em 1942, Max Schmidt (1874-1950) chamou os guatós de habitantes aquáticos por excelência. E mais tarde, na década de 1990, Jorge Eremites de Oliveira (1973-) afirmou que eles eram os "argonautas do Pantanal". Estudos recentes, como os da bióloga Jéssica Ferreira e colegas em 2019, confirmam a preservação de vestígios materiais pré-históricos referentes à pesca: são pesos de rede, anzóis, pontas de projétil, nós em fibra vegetal, assim como restos de ictiofauna, ou conjunto de peixes que vivem em ambientes específicos, sem esquecer zoólitos (pedras em forma de animais) representando peixes.

Além do consumo imediato de pescados, vegetais e animais terrestres, também existia a possibilidade de estocá-los, conservando-os por meio do moqueamento. Moquear consiste em defumar o animal até que ele esteja apto para ser guardado por vários meses. Os vegetais também podiam ser estocados sob a forma de farinha, bolos e massas fermentadas, tanto ao ar livre quanto em silos subterrâneos ou aquáticos. Essa capacidade de obter e conservar alimentos, com certeza, resultou da contínua troca de informações entre as populações durante um período que deve perpassar os últimos 10 mil anos, constituindo tradições imemoráveis.

AS DIFERENCIAÇÕES SOCIAIS E AS VASILHAS CERÂMICAS

O surgimento e a ampliação das diferenciações sociais entre os povos sul-americanos marcaram uma etapa importante da nossa história mais antiga. Como podemos saber sobre a diferenciação social, se não temos documentos escritos? O pesquisador, para tanto, deve utilizar-se de uma fonte histórica de primeira ordem, a cerâmica, uma invenção que se pode associar à crescente diversidade no interior das comunidades. Ainda que a invenção das vasilhas cerâmicas não esteja relacionada de forma direta à origem da agricultura, liga-se ao desenvolvimento das técnicas de transformação dos alimentos por meio de cozimento, fervura e torração.

Animais e vegetais foram processados em vasilhas cerâmicas por populações pescadoras e coletoras do baixo rio Amazonas, nas áreas de Taperinha e Monte Alegre (Pedra Pintada) desde há pelo menos 7.600 anos, conforme as pesquisas de Anna Roosevelt. Nessa região da Amazônia estaria o local onde começou a aparecer o uso dessa tecnologia (caso não apareçam em outras regiões novas descobertas sensacionais como a da Taperinha, hoje a cerâmica mais antiga do hemisfério ocidental). Resta, agora, aguardar a definição de se foi apenas dali que se difundiu a primeira tecnologia para produzir vasilhas cerâmicas ou se existem outros lugares onde também ocorreu um processo similar, mas independente, de criação de vasilhas cerâmicas.

O desenvolvimento histórico da agricultura e a descoberta de novas plantas acabaram encontrando na produção de artefatos cerâmicos um meio apropriado para diversificar os métodos de processamento e transformação dos vegetais em alimentos adequados ao consumo humano. As plantas mencionadas poderiam ser consumidas após processamentos simples, assadas sobre trempes de galhos, cozidas em bolsas de couro ou dentro de cabaças, e torradas diretamente sobre o fogo ou pedras pré-aquecidas, que dispensavam os artefatos cerâmicos. Contudo, a utilização de cerâmica permitiu o desenvolvimento de algumas técnicas que favoreceram uma ampliação nas maneiras de transformar alimentos crus em pratos nutritivos e apetitosos, além de mais fáceis de digerir.

Assar, cozer e torrar parecem ter sido as primeiras funções culinárias dos utensílios cerâmicos que, em poucos séculos, foram sendo disseminados ao longo da região amazônica a partir do baixo Amazonas, em vasilhas que passaram a ter formatos e decorações distintas. A cerâmica serviu igualmente para a confecção de enfeites, a exemplo das tangas de barro de marajó, como também de brinquedos, como as bonecas carajás, e de objetos rituais, como vasilha tauva rukaia, usada apenas para rituais entre os asurinis do Xingu.

As bonecas carajás mostram como a cerâmica exprime a cultura de grupos humanos nas comunidades indígenas, no passado e no presente.

O uso de vasilhas como urnas funerárias também é muito conhecido. Algumas eram confeccionadas e decoradas apenas para enterrar os mortos, como as famosas urnas marajoaras. Outras urnas funerárias tinham a função secundária de vasilhas feitas, em primeiro lugar, para cozinhar alimentos ou fermentar bebidas alcoólicas, como é o caso das cerâmicas utilitárias dos povos tupi-guaranis, sobretudo as vasilhas dos tipos *yapepó* e *cambuchi*.

A confecção das vasilhas visava a vários fins, tanto para o cotidiano quanto para rituais e celebrações específicas. O exemplo das vasilhas confeccionadas pelos povos falantes da língua guarani pode ilustrar essa dupla finalidade. Desenvolvido por José Brochado desde os anos 1980, o estudo das vasilhas arqueológicas guaranis, em conjunto com uma série de informações históricas, revelou um padrão tecnológico e funcional bastante similar entre essas populações ao longo de pelo menos 2 mil anos no Brasil meridional. Em termos arqueológicos, verifica-se que essas vasilhas foram elaboradas dentro de padrões determinados de maneira rígida, com características materiais e formais constantes para cada classe de vasilha. Essas constantes indicam um sistema elaborado de transmissão de conhecimentos e técnicas para produzir as vasilhas, obedecendo a requisitos funcionais preestabelecidos no âmbito da cultura guarani. Também revelam uma contínua troca de informações e contatos entre aldeias e entre regiões, senão essas características constantes teriam se modificado com o passar do tempo entre as diferentes regiões ocupadas por essas populações.

O estudo das informações históricas, sobretudo do século XVII, permitiu a definição da relação entre a função e a forma de cada classe de vasilha. Essas informações também permitiram a descoberta de uma taxonomia, ou classificação, para cada tipo de vasilha. A panela, por exemplo, era chamada de *yapepó* pelos povos de fala guarani. Era usada no geral para cozinhar os alimentos, podendo alcançar em média 80-90 centímetros de altura, por 60-80 centímetros de diâmetro máximo (algumas ultrapassavam bastante essas dimensões médias). Podia conter bem mais de 100 litros e era, em princípio, usada por uma família nuclear. A frigideira era denominada *ñaetá*, sendo usada para fritar, assar e torrar. Em geral, era mais larga do que alta, possuindo diâmetros que podiam ultrapassar 70-80 centímetros, com alturas que alcançavam 30 centímetros. O prato era chamado de *ñaé*, sendo uma variação formal em menor escala do *ñaetá*. Podia ser individual ou coletivo, atingindo diâmetros médios de 30 centímetros e máximos de 50-60 centímetros, e alturas médias de 15-25 centímetros. Os copos de beber eram chamados de *cambuchi caguabá*, distinguindo-se dos pratos por possuírem bordas carenadas (inclinadas para dentro, a partir do diâmetro máximo), muitas vezes decoradas com pinturas de motivos em meandros contínuos e repetitivos, vermelhas ou pretas, ou ambas, sobre fundo branco. Esse tipo de decoração costuma ser designado pelo termo "gregas", pois foi usada pelos gregos antigos, mas também em diferentes épocas e culturas, como no Brasil. O interior dos copos poderia ser decorado com essas pinturas da mesma forma. Em geral eram menores do que os pratos, mas alguns poderiam atingir até 60 centímetros. Os *cambuchi caguabá* seriam usados nos rituais e nas celebrações, sendo que no cotidiano seriam utilizados copos feitos com partes de cabaças de lagenárias (espécie de cuia). Essas diferenças de tamanho e material entre *cambuchi* e cabaças podem indicar níveis diferenciados de hierarquia social, nos quais, segundo fontes históricas, as lideranças políticas e pessoas de grande prestígio poderiam exercer uma prática de grande consideração entre os guaranis, que era beber grande quantidade de *cauim* no *cabumchi* sem ficar bêbado. O *cauim* era uma bebida fermentada alcoólica feita a partir de diversos vegetais, como a mandioca, o milho, o abacaxi, entre outras plantas. Por vezes poderia ser adicionado mel, para aumentar seu potencial alcoólico. Ele era consumido em diversas ocasiões, tanto em celebrações quanto em rituais e mesmo todos os dias, em certas épocas do ano. O *cauim* era preparado em uma vasilha específica chamada de *cambuchi*, que poderia conter bem mais de 100 litros, com alguns exemplares atingindo mais de 220 litros. O *cambuchi* tem um formato parecido com o do *yapepó*, mas guarda algumas diferenças, como a pintura acima do diâmetro maior, bordas reforçadas e o acabamento de superfície em geral alisado (o acabamento da superfície do *yapepó* costuma ser enrugado). O *cambuchi* poderia ultrapassar um metro de altura e ter 70-80 centímetros de diâmetro máximo.

    Essa diversificação e a taxonomia das classes de vasilhas eram comuns a vários povos da família linguística tupi-guarani, revelando parte de uma estrutura cultural comum que se manteve ao longo dos tempos, apesar da separação geográfica e temporal entre as diversas etnias tupis e guaranis. A tabela a seguir exemplifica a relação entre taxonomia e função das vasilhas entre algumas das populações falantes das línguas tupi-guarani:

Povo, localização	Panela	Talha	Copo	Prato
Guarani, Sul do Brasil, bacia do Prata	Yapepó	Cambuchi	Cambuchi caguabá	Ñaé, ñaembé
Tupinambá, litoral do Brasil até São Paulo	Nhaêpepô	Camuci	Caguaba	Nhaen
Asurini, Xingu	Japepaí	–	–	Ja'é
Kayabí, Xingu	Iapepó	–	–	–
Wirafed, Madeira	Yapepoí	–	–	–
Parintintin, rio Tapajós	Nhapepo	Kamambuí	–	–
Chiriguano, Bolívia	Yapepo	Cambuchi	Cagua	Ñae
Apiacá, rio Tapajós	Nhepepô	–	–	–
Tembé, Gurupi	Zapêpo	Kamuti	–	–

A OCUPAÇÃO E OS ASSENTAMENTOS HUMANOS

As populações humanas construíram diversos tipos de locais para habitar e para outros fins, com dimensões e formas variadas, cujos vestígios são chamados pelos arqueólogos de assentamento.

No Brasil, são comuns os assentamentos a céu aberto, representados por formatos, materiais construtivos e estilos tecnológicos bastante variados. Existem tanto assentamentos a céu aberto que poderiam ter abrigado um pequeno grupo, com cerca de 10 pessoas, quanto alguns que comportariam até populações com 3 mil ou mais habitantes, com variações entre esses tamanhos. O aspecto externo dos assentamentos encontrados também varia, da configuração de uma pequena meia-água (ou seja, que pende de um só lado, como no caso de um abrigo temporário de um grupo de caçadores no interior da floresta) a uma aldeia, com elaboradas casas cobertas com folhas de palmeiras, cascas de árvores ou sapé.

Também há os chamados "abrigos sob rocha", reentrâncias em formações rochosas que foram aproveitadas como moradia ou como espaço para rituais, "decorados" por diferentes tipos de grafismos rupestres. O tamanho desses abrigos varia de uns poucos metros a mais de 400 metros quadrados, configurando amplos espaços capazes de abrigar uma ou várias famílias. Alguns abrigos possuem quedas-d'água no seu interior ou na sua abertura, outros estão até mais de um quilômetro de distância de qualquer fonte de água. Certas pinturas rupestres e relatos etnográficos informam-nos que os abrigos possuíam "porta" ou uma cerca de proteção contra animais. No seu interior, diversas atividades eram realizadas, tais como a preparação de alimentos, a fabricação de instrumentos e artefatos de pedra, madeira, fibras, além da estocagem dos alimentos em silos. É muito provável que outras atividades de trabalho e de vida social fossem realizadas no lado externo dos "abrigos sob rocha".

Algumas habitações a céu aberto tinham acabamentos decorativos muito elaborados e coloridos, tanto na sua parte interna como na externa, com pinturas, esculturas e outros tipos de adornos. Outras não tinham elementos decorativos visíveis, mas os seus componentes materiais e divisões espaciais recebiam uma série de atributos e analogias com partes do corpo humano: a entrada seria a boca; a porta de saída, o ânus; partes do telhado, a cabeça e os cabelos; o interior, o aparelho digestivo, e assim por diante. Em certas casas, as pessoas frequentavam apenas espaços específicos, restritos de acordo com o sexo (às vezes com portas exclusivas para homens ou mulheres), havendo o lugar das mulheres adultas, o local das crianças, dos adolescentes e dos guerreiros, o lugar do pajé e dos velhos, em clara manifestação da existência de distinções ou de hierarquização social. Em algumas aldeias havia uma "casa dos homens", em geral vedada às mulheres, e outros tipos de construções para isolar pessoas que cumpriam certos ritos de passagem.

Os assentamentos poderiam ser fixos ou não, de acordo com o tipo de organização social, das estratégias de captação de recursos e das relações com as populações vizinhas. Em geral, os grupos que não possuíam um local fixo de moradia circulavam em territórios determinados, acompanhando as ofertas sazonais de certas espécies de plantas, dos ciclos de piracema ("peixe acima", época da desova dos peixes), dos deslocamentos de alguns animais, adaptando-se às peculiaridades de cada tipo de ecossistema. De fato, à medida que os habitantes conheciam o calendário anual dessas ofertas, criavam vários assentamentos onde permaneciam por períodos variáveis, uns poucos dias, um mês ou mais tempo. Em alguns casos, as relações sociais e políticas também poderiam definir a circulação de um grupo em momentos de tensão, quando da competição por algum recurso natural ou por alguma área com significado ritual ou religioso.

As populações denominadas caçadoras-coletoras adotavam a estratégia de circular pelos territórios, não praticavam a agricultura e, em geral, constituíam grupos com poucos membros, com forte colaboração de todas as pessoas para as atividades do grupo, homens e mulheres, velhos e crianças. O trabalho do estudioso argentino Gustavo Politis (1955-) sobre os caçadores-coletores amazônicos chamados nukaks constatou essa sociabilidade solidária, que inclui a adoção como membros da família de filhotes dos animais adultos consumidos pelo grupo, como macacos. (Esse modo de vida caçador-coletor cooperativo, no interior de pequenos grupos humanos com pouco atrito com outros humanos, parece ter sido o predominante entre os hominínios por milhões de anos, e a hierarquização e a violência entre grupos, ocorridas depois da domesticação de plantas e da agricultura, representaram uma mudança imensa de comportamento e modo de vida.)

Entre os agricultores, a oferta continuada de certas espécies vegetais ou animais, como o pinhão da araucária, o arroz selvagem, os palmitos, os peixes ou moluscos, possibilitava a instalação de uma sede fixa, com um grau mais elevado de sedentarismo. A agricultura, muitas vezes, seria a responsável por uma permanência definitiva dos assentamentos num mesmo local, mesmo quando em certas épocas do ano algumas parcelas da comunidade se afastavam para determinadas áreas em busca de mais caça, pesca, coleta ou lazer. Os assentamentos dos povos agricultores costumam ser rodeados por uma série de locais menores, funcionando como áreas satélites, como os acampamentos nas roças, o porto das canoas, as regiões de extração de argila para cerâmica ou de pedras para confecção de artefatos e as áreas de coleta ou de caça. Mas nem sempre a agricultura determinava uma única estratégia em relação à permanência sedentária ou à mobilidade estratégica. Alguns povos, como os guatós, os arawetés e os kaingangues, realizavam seus cultivos em determinadas áreas, mas não deixavam de circular por outros territórios acompanhando os ciclos de alagamento/esvaziamento do Pantanal, a temporada das chuvas ou a oferta de pinhões, com uma mobilidade similar à dos povos caçadores-coletores.

Muitas vezes, os assentamentos foram posicionados em áreas estratégicas, em virtude dos recursos naturais disponíveis. O domínio de certos recursos poderia determinar o tamanho dos assentamentos e sua importância hierárquica em relação a outros sítios, em termos políticos e demográficos. Tais hierarquias regionais poderiam ser definidas por fontes de argila para cerâmica, de pedras para confeccionar determinados artefatos, ferramentas ou enfeites; foz e corredeiras de rios onde há piracemas; refúgios de aves cujas penas são objeto de alto valor simbólico; bancos de moluscos usados como alimento ou fontes de matéria-prima para fazer colares, braceletes e outros enfeites; florestas modificadas pelo homem, ricas em plantas de coleta; áreas importantes em termos simbólicos em que estavam enterrados antepassados ou onde "viviam" entidades significativas para a cosmologia (espíritos, divindades), entre outros aspectos. Em algumas regiões, o domínio desses recursos dava lugar a redes de comércio, como já foi constatado em diversos sítios arqueológicos e registrado em vários relatos coloniais da Amazônia e da bacia platina. Em outras áreas, havia guerras contínuas pela posse desses lugares, implicando a formação de extensas redes regionais de aliança para atacar ou defender.

Os assentamentos a céu aberto podem ser divididos em vários tipos. Os mais comuns seriam os constituídos por casas e outros tipos de estruturas cobertas com palhas, com os mais diferentes tamanhos, formatos e acabamentos. Os assentamentos do tipo sambaqui ou concheiros, casas semissubterrâneas e os aterros poderiam representar a adaptação a ambientes e climas específicos. Os concheiros aproveitam-se dos recursos aquáticos, marítimos ou fluviais. As casas escavadas forneciam abrigo em climas mais frios, enquanto os aterros podiam perenizar a ocupação de áreas alagadiças e ricas em alimentos, assim como as palafitas. Esses tipos de assentamento não se restringem ao Brasil ou à América do Sul, pois existiram em diversos lugares no planeta, como os concheiros no Japão ou as palafitas na Europa. Isso tem impulsionado a cooperação de pesquisadores de diferentes partes do mundo no estudo de tipos específicos de assentamento. Nem sempre se valoriza a importância dessa colaboração científica internacional para o estudo da pré-história do nosso país, por isso convém lembrar que todos podem ganhar com essa interação.

AS ESTEARIAS MARANHENSES CONFORME DOIS ESTUDOS ARQUEOLÓGICOS

"[Estearias são conjuntos de esteios que constituem resquícios de habitações lacustres dos indígenas.] Esteios são estacas colocadas para sustentar habitações sobre a água. Sua descoberta assinala um tipo de ocupação que ocorreu em diferentes épocas e lugares. Especificamente na Amazônia oriental (no atual estado do Maranhão), ela data do século IX d.C., período que coincide com a consolidação das três grandes religiões monoteístas no Velho Mundo, mas também com o declínio maia na Mesoamérica e o colapso do governo centralizado na China. Nessa época, povos indígenas construíram aldeias com arquitetura complexa, muito bem adaptada ao médio aquático. Por que viver na água? Pelo acesso a uma ampla variedade de peixes que propiciavam uma alimentação rica e substanciosa. Sua localização distante das margens indica, ainda, outras preocupações, em particular com a segurança ante a possíveis agressões. Pesquisadores constataram que tais aldeias chegaram a manter relações comerciais com sociedades distantes, no Caribe. Eles também deduziram, a partir das estruturas e dos artefatos sofisticados encontrados, que, para poder estabelecer tais assentamentos, que eram imensos, a existência de uma hierarquia social era fundamental. O estudo das estatuetas encontradas no local permite desvelar aspectos da religiosidade e dos mitos, como o uso de substâncias alucinógenas para rituais xamânicos, em busca da coesão social e do fomento das identidades. A genitália feminina evidenciada nessas estátuas indica rituais de fertilidade ou de iniciação da puberdade."

(FUNARI, Pedro Paulo A.; NAVARRO, Alexandre Guida. As estearias do Maranhão: a pesquisa acadêmica do Laboratório de Arqueologia da UFMA. *Revista de Arqueologia*, v. 33, n. 2, 2020, pp. 165-166. Disponível em: <https://revista.sabnet.org/index.php/sab/article/view/727>. Acesso em: 26 mar. 2022.)

"Em relação à cronologia das aldeias de palafitas [estearias] do Maranhão, foram realizadas datações de radiocarbono dos esteios. A maioria dos sítios é contemporânea e foi construída entre os séculos VIII e X. O intervalo de tempo de 300 anos da ocupação permite investigar a organização político-social de sociedades em sua integridade. A diferenciação dos locais em áreas cerimoniais e em locais residenciais é comum na Amazônia. Pesquisas adicionais podem avaliar se as áreas cerimoniais estiveram em residências especiais, como as casas dos chefes, ou em praças comunais para o uso de todos. Além disso, os diferentes sítios podem ser comparados no que tange à diferenciação em função da elaboração da cultura material a fim de se procurar por evidência de hierarquias de sítios associados com organização de chefias."

(ROOSEVELT, Anna; NAVARRO, Alexandre Guida. *Ancient Civilizations of the Amazon/ Civilizações antigas da Amazônia*. São Luís: EDUFMA, 2021, p. 87.)

Em relação ao seu tamanho, segundo a quantidade de habitantes, a interpretação dos assentamentos sofreu uma mudança significativa nos últimos decênios. Até pouco tempo, muitos arqueólogos não davam crédito às informações demográficas relatadas pelos cronistas coloniais, desconsiderando a possibilidade de realizar estudos de História indígena no Brasil, em especial sobre os últimos 500 anos. Considerava-se que a quantidade de pessoas mencionadas pelos cronistas era exagerada, aquilo que recebe o nome de *tópos* (convenção ou tema retórico) literário. Isso fazia sentido por dois motivos. Primeiro, por se considerar que o continente americano, em especial as terras baixas sul-americanas, era pouco povoado, com densidade populacional baixa. Essa sensação justificava, ainda, a doutrina da ocupação europeia de uma terra de ninguém, *terra nullius*, em latim, que teria sido colonizada de maneira natural e justa. Essa mesma percepção esteve presente em outros continentes, como no caso notável da Oceania: os colonizadores foram mandados a ocupar uma terra deserta de humanos. Essas noções seriam popularizadas e difundidas, em particular, pela escola no século XX, com relação aos temas da marcha para o oeste no Brasil ou da conquista do *Outback* (sertão australiano). Esse tipo de concepção acabaria afetando até mesmo a percepção de certos acadêmicos.

Mas há ainda uma segunda razão que favorecia a interpretação dos cronistas como propagadores de um *tópos*: o fato de que, na literatura, desde a Bíblia até autores gregos e latinos, os conquistadores são apresentados como confrontados a massas incontáveis de inimigos violentos e selvagens. Os antigos hebreus são apresentados na Bíblia como menos numerosos que os canaanitas, contra os quais lutaram; o general romano Júlio César afirma em seus textos que conquistou a Gália (58-50 a.C.) ao fazer frente a tribos gaulesas imensas. Quanto mais poderoso o inimigo, maior o feito defensivo ou ofensivo do que é relatado. Existe mesmo esse recurso retórico, mas há que se ter cuidado, pois a Arqueologia tem mostrado que, de fato, canaanitas e gauleses eram muito numerosos! Parece que esse também foi o caso dos relatos dos cronistas no Brasil, que passaram a ser tomados mais a sério.

Muitos pesquisadores acreditavam que o padrão demográfico desde o século XIX até 1950 representava a média constante do que teria sido o tamanho da população indígena por assentamento, constituído por aldeias de, no máximo, 300 ou 400 pessoas. Isso dificultou a percepção da variedade demográfica e eliminou o estabelecimento de uma reflexão sobre os processos históricos vivenciados pelos povos indígenas, especialmente após a chegada de Cabral, quando passou a haver uma redução no tamanho das populações e dos seus assentamentos.

A postura de considerar as populações do passado como iguais às do presente, sem levar em conta as particularidades históricas de cada uma, seria revista com a introdução das pesquisas arqueológicas e com a retomada dos estudos das fontes escritas pelos colonizadores desde o século XVI. Um exemplo dessa mudança de perspectiva vem do estudo feito no interior da Amazônia, do alto rio Xingu, onde hoje os kuikuros ocupam aldeias de cerca de 275 metros de diâmetro e possuem uma população com cerca de 320 pessoas em cada aldeia. Atualmente, algumas dessas aldeias estão sobre grandes sítios arqueológicos dos seus antepassados, como o arqueólogo estadunidense Michael Heckenberger (1966-) revelou há algum tempo. Os maiores possuem cerca de 50 hectares de área cercada por fossos escavados com até 4 metros de profundidade e poderiam ter sido habitados por até 2.500 pessoas. Ou seja, quase 10 vezes maior em termos espaciais! Heckenberger também apresenta as causas dessa redução: a população entrou em colapso há cerca de 300 anos, por provável influência das epidemias introduzidas pelos europeus e pelas atividades escravistas portuguesas no baixo Amazonas.

Esse é um exemplo de metodologia de pesquisa a ser seguido em outras regiões, pois considerar o processo histórico, valendo-se de Arqueologia, Etnologia e História, tem-se revelado a forma mais adequada para se obter as informações mais completas e as interpretações mais bem fundamentadas sobre as sociedades humanas no passado, além de incrementar nossa percepção das diferenças e dos distintos processos históricos vivenciados pelos povos indígenas em particular.

Outro exemplo interessante vem da beira do rio Amazonas, onde os relatos dos primeiros cronistas sobre as aldeias da região estão sendo confirmados pelas pesquisas arqueológicas. Nos séculos XVI e XVII, espanhóis e portugueses que por lá transitaram relataram a existência de extensos assentamentos em diversas partes do rio, povoados por densas populações, organizadas sob a forma de "reinos". Um deles, ocupado pelos tapajós, onde hoje está situada a cidade de Santarém, possuía um comprimento de pelo menos 6 quilômetros e uma largura com cerca de 2 quilômetros, tal como indicam os resultados das pesquisas arqueológicas de Anna Roosevelt e sua equipe. Outro desses grandes assentamentos – descoberto em estudos liderados pelo arqueólogo Eduardo Góes Neves (1968-) – está situado diante de Manaus, possui quase 5 quilômetros de extensão e foi denominado Complexo de Açutuba.

Entretanto, grandes assentamentos e densas populações indígenas não existiam apenas à beira do Amazonas. No interior do Brasil, no rio Paraná, entre a foz do rio Piquiri e a foz do rio Paranapanema, jesuítas relataram a existência de aldeias com mais de mil pessoas. Um dos autores deste livro (Francisco Noelli), junto à equipe da Universidade Estadual de Maringá (UEM), encontrou na mesma área sítios arqueológicos com até 1,5 quilômetro de comprimento. Jesuítas e cronistas relatam a existência de aldeias grandes, com até 2.500 pessoas, em outras partes do Paraná e de Santa Catarina.

Sobre a costa do Brasil do século XVI, há vários testemunhos de assentamentos com mais de mil pessoas, como mostra Florestan Fernandes em sua obra *Organização social dos tupinambá* (1963).

A consideração de informações históricas, bem como os exemplos das pesquisas arqueológicas mencionadas, abre espaço para que novas e importantes descobertas sejam feitas, contribuindo para repensar a diversidade e o tamanho das populações indígenas na época em que Cabral chegou ao Brasil.

A OCUPAÇÃO COSTEIRA

As áreas costeiras apresentam características próprias, com forte interação com o mar, seja na alimentação, seja no seu uso para viagens curtas ou longas. Isso ainda é válido hoje e tanto mais durante os milhares de anos da Pré-História.

Os habitantes da costa e os sambaquis

Na atualidade, os litorais do Sudeste e Sul do Brasil, com maior concentração de vestígios, apresentam em sua paisagem costeira numerosos montões de conchas, restos de cozinha e esqueletos, às vezes com dezenas de metros de altura e centenas de metros de extensão, que sobressaem e chamam a atenção: são os sambaquis. Seu nome deriva de uma expressão tupi, *tamba* (marisco) e *ki* (amontoamento), e são conhecidos também como concheiros, por serem um acúmulo artificial, humano, de conchas de moluscos, vestígios alimentares de grupos indígenas. Os sambaquis apresentam uma grande quantidade de vestígios pré-históricos e constituem, portanto, uma importante fonte de informações sobre o nosso passado. Por isso, alguns deles foram tombados como patrimônio cultural e são, pelo menos em teoria, protegidos da destruição por lei federal. Contudo, desde o início da colonização portuguesa, muitos sítios desse tipo têm sido destruídos para a obtenção de cal. Essa depredação acentuou-se a partir da década de 1940, em virtude do uso de suas conchas como material para pavimentação de ruas e estradas durante a expansão urbana para o litoral, nas praias de veraneio, assim como para outros fins industriais. A motorização crescente do país acelerou o ritmo de destruição dos sambaquis, mas, ainda assim, eles constituem uma presença constante em regiões do litoral, como grandes baías e ao longo dos mangues, por exemplo, em Iguape e Cananeia, Itanhaém, em São Paulo, nas baías de Guaratuba, Paranaguá (PR) e São Francisco do Sul (SC), na região de Joinville (SC) até mais ao sul, entre Torres e Tramandaí (RS). Também existem sambaquis menores ao sul de Tramandaí, até a região de Montevidéu, no Uruguai.

Acredita-se que os sambaquis sejam bastante antigos, presentes talvez já há 8 mil anos, tendo atingido sua maior difusão entre 3 e 5 mil anos atrás, declinando em seguida e desaparecido com a chegada dos povos jê e tupi à costa.

Como viviam os seus construtores e por que formavam esses imensos montes artificiais? Essas são questões que há muitas décadas têm gerado grande controvérsia entre os estudiosos. Em parte, isso se deve à falta de publicações e à escassez de pesquisas, que só recentemente tiveram novo impulso a partir de projetos interuniversitários e internacionais dirigidos por pesquisadores do eixo Rio-São Paulo (como o trabalho de Maria Dulce Gaspar, *Sambaqui: arqueologia do litoral brasileiro*). Além disso, as interpretações propostas, como veremos a seguir, remetem a teorias antropológicas em voga em cada período da história recente e precisam ser entendidas como tentativas de explicação, mais do que como revelações definitivas.

Conchas, ossos humanos e de outros animais, além de líticos são encontrados em sambaquis. No detalhe: um sambaqui em Santa Catarina.

Encontraram-se, em sambaquis, estruturas de habitação, culinária, combustão e funerárias, assim como artefatos líticos os mais variados, desde machados e polidores até objetos em forma de animais, chamados de zoólitos, cuja beleza não nos deixa de encantar, milhares de anos depois de sua confecção.

Embora fiquemos admirados com sua suavidade plástica, seriam artísticos do ponto de vista daqueles que os fizeram? O grande estudioso francês André Prous (1944-), em um livro dedicado a essas representações, considera pouco provável que se possa tratar de obras de arte sem outra finalidade, mas sim com um caráter simbólico. Então, qual seria o simbolismo? O que se queria com essas figuras? Desde o século XIX, considera-se que as representações podem possuir um caráter mágico, religioso, como se a representação de um animal, por exemplo, favorecesse sua caça. Algumas figuras, como a de uma cópula de pombas ou amuletos em forma de falos (pênis eretos), parecem confirmar que, ao menos nesses casos, esses objetos tinham uma forte conotação simbólica, propiciatória, ligada à fertilidade e à reprodução, ainda que Prous não considere que tampouco isso se possa inferir desses objetos. Prous afirma que poderiam se referir a uma estrutura social ou mesmo ser o sinal da existência de uma hierarquia social... Não fosse o fato, lembra o pesquisador, de que pouco sabemos sobre como funcionava aquela sociedade!

Essas observações levam-nos às hipóteses mais recorrentes sobre as sociedades dos sambaquieiros. Já no século XIX se faziam propostas sobre o tema, quando de um lado estavam os estudiosos majoritários, que consideravam os sambaquis artificiais, feitos pelo homem, e de outro os que defendiam que os sambaquis eram um fenômeno natural. Entre aqueles que aceitavam a ação humana, começaram a surgir teorias que tentavam explicar os concheiros, afirmando serem esses acampamentos de inverno de povos que vinham do interior para viver dos recursos marítimos no período frio. No século XX, as discussões sobre o caráter natural ou artificial dos sambaquis tomaram novos caminhos, até prevalecer a noção de que formações de conchas naturais e sambaquis não se confundem. As décadas de 1950 a 1970 testemunharam um número crescente de pesquisas de campo e coleta de dados sobre os sambaquis, preocupadas com a descrição dos achados e com a apresentação de propostas de tipologia e cronologia de sítios. A partir desse ponto, os estudos sobre os restos de fauna e de seres humanos encontrados no local mostraram que os dados provenientes de sambaquis poderiam nos ajudar a conhecer melhor os habitantes da costa.

> **POVOS CONSTRUTORES DE SAMBAQUIS TINHAM DIETA SOFISTICADA**
>
> "Um novo estudo apresenta fortes evidências de que as sociedades que estariam por trás da construção dos sambaquis não eram caçadoras-coletoras comuns. O trabalho indica manejo ou cultivo de vegetais e uma dieta rica, com elevado consumo de carboidratos. [Cáries são indício de que sociedades que viveram no litoral da Mata Atlântica tinham alimentação rica em carboidratos.]
>
> Os resultados do estudo, feito por pesquisadores do Brasil e do Reino Unido, foram publicados na Royal Society Open Science. O trabalho foi feito a partir de dados coletados nos sambaquis Morro do Ouro e Rio Comprido, em Joinville (SC).
>
> 'O alto consumo de alimentos ricos em carboidratos nesses dois sambaquis sugere que o sustento de suas populações estava baseado em uma economia mista. Uma economia que aliava a pesca e a coleta de frutos do mar com alguma forma de cultivo de plantas', disse o bioarqueólogo Luis Nicanor Pezo-Lanfranco (1972-), do Instituto de Biociências (IB) da USP, primeiro autor do artigo [...]. A frequência de cáries abrangeu entre 7,6% e 13,2% da amostra. É um resultado maior do que aquele que seria esperado entre grupos de caçadores-coletores ou pescadores e mais condizente com o padrão encontrado entre os primeiros fazendeiros do Holoceno Tardio de outras regiões, como os Andes [...].
>
> Resultados obtidos com dentes de caçadores-coletores do Holoceno Tardio na Patagônia, por exemplo, têm frequências de cáries entre 3,3% e 5,19%. Já amostras de populações sedentárias mais recentes da Patagônia registram frequência de 10,17%."
>
> (MOON, Peter. Povos construtores de sambaquis tinham dieta sofisticada: cáries são indício de que sociedades que viveram no litoral da Mata Atlântica tinham alimentação rica em carboidratos. *Jornal da USP*, São Paulo, 26 nov. 2018. Disponível em: <https://jornal.USP.br/ciencias/ciencias-humanas/povos-construtores-de-sambaquis-tinham-dieta-sofisticada/>. Acesso em: 25 mar. 2022.)

Nas últimas décadas, alguns estudos têm proposto que a ocupação humana do litoral brasileiro se deu num processo de crescente aumento das hierarquias e da geração de excedentes. Assim, um sistema de subsistência fundado nos recursos marinhos favoreceu a sedentarização, o crescimento populacional e permitiu, com a geração de excedentes, a mobilização da população para a realização de grandes obras, como a construção dos sambaquis, grandes monumentos comparáveis, em outro contexto histórico, a pirâmides egípcias. Esses grandes monumentos exigem, para sua construção, um trabalho de equipe, coordenado por lideranças e, por isso, pode-se supor que tenham sido o resultado de uma crescente estratificação e hierarquização social, necessárias para que a população fosse mobilizada.

Assim como em outras épocas e lugares, as desigualdades sociais levaram à produção de objetos de arte, como os zoólitos, belas esculturas em pedra ou osso de animais, com grande rebuscamento artístico. Para que se possa ter arte elaborada é necessária a especialização da mão de obra, com o surgimento de artesãos qualificados, com *status* diferenciado. Pode-se concluir que uma elite dominava essas sociedades litorâneas, que, mesmo sem a agricultura, mostravam uma complexidade notável.

Nem todos concordam com essa interpretação, hoje bastante difundida, sobre os antigos habitantes da costa brasileira. De fato, do nosso ponto de vista, ainda não temos dados suficientes para saber se o processo de ocupação da costa e a configuração das sociedades lá instaladas se deram da forma descrita anteriormente. As pesquisas têm-se intensificado e poderão fornecer indicações mais precisas no futuro. Além disso, temos dúvidas quanto ao uso da noção de "crescente complexidade social", pois todas as sociedades são complexas e apresentam conflitos internos. Em vez de tentar classificar sociedades em *mais* ou *menos* complexas, o interessante seria procurar caracterizar cada uma delas da melhor maneira possível, a partir do maior número de informações que pudermos obter.

Ainda há muito que compreender sobre os construtores dos sambaquis e, também por isso, é importante a preservação desses vestígios. Em muitos lugares na atualidade, os sambaquis estão em áreas marginais, como mangues, que atraem populações pobres em ocupações precárias. Raras vezes há uma política de integração desse patrimônio arqueológico à comunidade local, por meio de programas educativos e participativos. O contexto de exclusão social em que a população não tem acesso aos meios mínimos de saúde, educação e lazer torna a preservação desses sambaquis uma tarefa muito árdua. Além disso, devido ao fato de que os concheiros se referem à população indígena, muitas vezes considerada de forma depreciativa pela cultura dominante, preservar sambaquis parece ser um... "programa de índio"! Em outros termos, a destruição dos restos materiais dos antigos ocupantes acaba parecendo "normal" e, até mesmo, "desejável". Para que os sambaquieiros façam sentido para as populações locais, é necessária uma inserção desses bens na comunidade, mostrando que a humanidade ali presente não é estranha ou inferior, pois tampouco esses excluídos devem aceitar que sejam despidos de sua humanidade. O resgate dos sambaquis como história de homens como nós passa, de forma necessária, pelo reconhecimento da importância de todos os seres humanos.

A OCUPAÇÃO DO INTERIOR

Veremos agora dois tipos bem interessantes de ocupação do interior – as casas semissubterrâneas e os aterros – que mostram soluções criativas dos antigos habitantes do território brasileiro.

As casas semissubterrâneas

Na terminologia técnica internacional da Arqueologia, as casas semissubterrâneas são denominadas *pit-houses* (casas em poços). Esse tipo de habitação é um claro exemplo da adaptação de nossos antepassados aos ambientes mais frios do Brasil, sobretudo nas áreas de maior altitude – como as altas encostas e os planaltos da serra Geral, que alcançam altitudes superiores aos 800 metros acima do nível do mar e onde a temperatura pode descer vários graus abaixo de zero. Além da altitude, as temperaturas médias mais baixas em 3 ou 4 graus que as da atualidade, sobretudo entre os séculos I e XVIII da nossa era, devem ter influenciado esse tipo de adaptação encontrada apenas entre os povos jês, uma vez que outras populações, habitando lugares com clima também frio, não realizaram construções semelhantes. Havia, pois, escolhas culturais e não só adaptação ambiental nessa estratégia de habitação. Os geólogos denominaram uma parte desse longo período, entre o início do século XV e o início do século XIX, como a "última Idade do Gelo". Nos séculos XVII e XVIII, foram produzidos numerosos relatos sobre neve e nevascas nos estados do Sul do Brasil. Por volta de 1616, o padre jesuíta Antonio Ruiz de Montoya, no interior do atual de estado do Paraná, registrou a designação guarani para "neve": *ro'y pýá*. Também existe uma designação para neve na língua dos kaingangues, descendentes dos construtores das casas semissubterrâneas, colhida por Úrsula Wiesemann (1932-2022) no seu dicionário *Kaingang-português: kukryrèn* (1981). Quem pensaria em línguas indígenas no território brasileiro que designavam a neve? Também tivemos os nossos "homens da neve"!

Assentamentos arqueológicos com casas semissubterrâneas foram encontrados desde Minas Gerais até o Rio Grande do Sul, no vale do rio Jacuí. Os mais antigos sítios arqueológicos foram datados no Rio Grande do Sul, ao redor de 1 mil e 800 AP.

Também existem documentos históricos referentes a habitações desse tipo na fronteira litorânea entre São Paulo e Rio de Janeiro, na Bahia, assim como nas áreas mais altas do rio Xingu, baseados em relatos míticos dos xikrin-kayapós.

Uma parte da casa ficava abaixo da superfície do solo, que era escavado com essa finalidade. Acima da superfície ficava o telhado, que deveria ter a forma côncava, com uma abertura servindo como porta e outra, como chaminé. Outro relatório escrito pelo padre Antonio Ruiz de Montoya, em 1628, retrata a aparência externa de algumas dessas casas localizadas onde hoje é o oeste paranaense: "são redondas, como fornos". Ou seja, os telhados eram semelhantes aos fornos semiesféricos feitos de tijolos e barro, como aqueles para assar pão ou fazer carvão. Ainda não sabemos como era a estrutura do telhado, mas conhecemos a sua base de sustentação, feita com alicerce de alguns blocos de pedra para suportar seu peso. Isso nos faz deduzir que o telhado era constituído por uma estrutura de madeira coberta com argila e, talvez, gramíneas para melhorar a impermeabilização e o isolamento térmico – a exemplo de habitações semissubterrâneas encontradas em outras regiões temperadas do mundo –, reduzindo a possibilidade de que o telhado fosse coberto apenas com palha, como deduziram os pesquisadores que trataram da questão por muito tempo.

Os assentamentos são constituídos em média por duas ou três casas, mas existem vários exemplos com mais de 10 habitações, alguns alcançando 68. Suas dimensões são variáveis, com as menores medindo ao redor de 2 metros de diâmetro e as maiores atingindo até 20 metros. A profundidade também varia de pouco mais de 1,5 metro a 8 metros, havendo formidáveis casas que podem atingir até 22 metros. Algumas casas foram escavadas em solo rochoso de basalto ou arenito, de forma semelhante ao que se faz em uma pedreira, implicando muitos dias de trabalho. A parede abaixo da superfície do solo em geral é vertical, resultando que, na maioria das casas conhecidas, havia necessidade de instalar escadas para auxiliar a saída do interior. Convém lembrar, aqui, que os ameríndios não conheciam a roda, mas os degraus.

Muitas vezes os assentamentos com casas semissubterrâneas também possuem obras monumentais, como os chamados "dançadores" (locais planos cercados por uma mureta de terra onde eram realizadas cerimônias diversas) e os montículos em que eram enterrados os mortos. Em muitos casos, topos de morros foram aplanados para a instalação dos dançadores, chegando alguns aos 200 metros de diâmetro. Vários dançadores estão cercados por muretas, aterros com cerca de 50-70 centímetros de altura, que talvez servissem como bancos ou para delimitar esses espaços. Os montículos mortuários variavam de tamanho, podendo ultrapassar os 20 metros de diâmetro e 4 metros de altura, conforme o prestígio do falecido.

Ainda não se sabe com detalhes como era o interior dessas habitações, mas no século XVI o português Gabriel Soares de Sousa, em seu *Tratado descritivo do Brasil* (1587), relatou haver "fogo de noite e de dia", e disse que "fazem suas camas de ramas e peles". As escavações arqueológicas irão revelar mais detalhes sobre como seriam o contexto e a distribuição interna dos bens dessas habitações. Também não sabemos bem como era a forma dessas aldeias, se teriam outras construções externas e se, no verão, seus habitantes permaneciam ocupando o interior das casas semissubterrâneas ou se iriam de maneira temporária para casas acima da superfície do solo. Essas casas mostram como as ideias propostas por Betty Meggers, que vimos no capítulo anterior, desconheciam ou desconsideravam as evidências arqueológicas e os efeitos deletérios da propagação de teorias colonialistas.

Os aterros

Os diferentes tipos de aterros são conhecidos como "tesos" (firme, em terra firme), "murundus" e "cerritos" (morrinhos, em castelhano) nas terminologias regionais do Brasil, e como "*mounds*" (montes) na terminologia técnica da Arqueologia. São obras humanas e possuem dimensões e formatos variados, em geral construídos dentro ou na margem de áreas alagadiças. A decisão de ocupar esses lugares devia-se a pelo menos dois motivos. Poderia ser em razão da oferta de recursos para alimentação, uma vez que esses ambientes alagadiços são riquíssimos em quantidade e variedade faunística – pelo menos em certas épocas do ano, quando há elevação do nível das águas; também poderia ser em virtude do aumento da densidade populacional nas regiões vizinhas àquelas inundáveis, obrigando a ocupação de tais espaços.

A construção dos aterros implicava a extração e o transporte de volumes consideráveis de terra e, dependendo do caso, equivalia a verdadeiras obras monumentais, em decorrência da movimentação de muitos milhares de metros cúbicos de sedimentos. Alguns autores consideram que, em certas regiões, a construção dos aterros foi executada sob uma direção que centralizaria a organização dos trabalhos, evidenciando a existência de níveis distintos de hierarquia social, com líderes coordenando as construções, em contraposição à ideia generalizada de que não havia distinções sociais e políticas entre os povos indígenas situados no Brasil. Mas também é possível que essas construções tivessem sido realizadas sem uma divisão social do trabalho, com todo o grupo (ou apenas os homens) entrando com a mão de obra.

Teso dos Bichos, ilha de Marajó, estudada por Anna Roosevelt.

Dentre os mais conhecidos aterros arqueológicos do Brasil, podemos citar os tesos ou murundus da ilha de Marajó, os aterros do Pantanal e os cerritos do Rio Grande do Sul e do Uruguai. Os tesos eram ocupados ao longo do ano, enquanto os aterros e os cerritos eram ocupados em certas épocas do ano, seguindo a oferta de recursos associada a mudanças climáticas ou a modificações do regime hídrico (cheias/secas). No caso dos aterros, eles eram ocupados na época de cheia e desocupados na vazante, quando seus proprietários iam para outros assentamentos na margem dos rios perenes do Pantanal. No caso dos cerritos, como os que eram estabelecidos próximos de lagoas e cursos d'água, a ocupação ocorria nos meses mais quentes do ano, quando havia maior abundância de recursos aquáticos. Eram desocupados no inverno, quando sua população se dividia para obter recursos em áreas afastadas, no interior.

Em termos de dimensão, os maiores tesos de Marajó podem alcançar cerca de 255 metros de comprimento, por 30 metros de largura e 10 metros de altura. São cerca de 400 sítios conhecidos, uma fração do total que existe, segundo Anna Roosevelt, dividindo-se em grupos com uma quantidade média de 3 a 5 tesos (às vezes, há mais tesos reunidos). Estes serviriam tanto para escapar das cheias quanto para defesa, onde haveria aldeias que poderiam abrigar um mínimo de mil pessoas, tendo sido construídos entre 1.400 e 400 AP.

No Pantanal, existem milhares de aterros construídos de modo total ou parcial, com dimensões que alcançam cerca de 300 metros de comprimento, 120 metros de largura e até 3 metros de altura. Pode parecer pouca altura, mas é significativa em um relevo tão plano e alagadiço como no Pantanal. Em muitos casos, os construtores partiam de elevações naturais sobre a planície de inundação para dar início à construção dos aterros. Enquanto nos tesos marajoaras haveria apenas habitações, os aterros pantaneiros teriam menos habitações e ocupantes, mas se diferenciariam pela inclusão dos capões artificiais de mato formados por plantas alimentícias, drogas vegetais e matérias-primas introduzidas, formando verdadeiras "ilhas de recursos" implantadas no meio das planícies campestres alagáveis. Os mais antigos aterros conhecidos até o momento começaram a ser construídos entre 4140 anos e 3920 anos AP, sendo ocupados até o presente.

Ao redor dos complexos lacunares do litoral Atlântico e de algumas áreas da região da Campanha Gaúcha entre o Rio Grande do Sul e o Uruguai também existem milhares de cerritos. São similares aos aterros pantaneiros, mas foram construídos por populações distintas, a partir de 5 mil AP. Tudo indica que seus ocupantes não praticavam a agricultura da mesma forma que no Pantanal, mas informações conhecidas até o presente revelam que seus construtores cultivavam matas de palmeiras, com destaque para o butiá (tipo de palmeira), em áreas não alagáveis das cercanias. Há casos de conjuntos de dois, três, quatro ou mais cerritos construídos próximos uns dos outros.

OS ANTIGOS HABITANTES, SUAS EXPRESSÕES ESTÉTICAS E AS NOSSAS INTERPRETAÇÕES

Já dissemos que os antigos habitantes de nossa terra não usavam a escrita tal como a concebemos. Nem por isso, contudo, deixaram de mostrar, de muitas maneiras, seus sentimentos e formas de expressão artística. Não se trata de arte no sentido contemporâneo do termo, de uma "finalidade sem fim", mas da arte como engenho humano. Já os gregos e os romanos definiam a criação humana como *tekhné* e *ars*, a um só tempo técnica e arte. Os antigos habitantes do Brasil foram muito profícuos em seu artesanato, manifestações culturais que não deixam de ser estéticas, no sentido de algo a que apele aos sentidos. De todas as suas manifestações artísticas que chegaram até nós, a arte rupestre talvez seja a mais impressionante. Tendo ocorrido também em outros continentes, considera-se que a arte rupestre marque um momento importante na formação cultural do *Homo sapiens sapiens*. E o Brasil constitui um dos maiores repositórios de tais representações.

Em geral, dividem-se as representações em "pinturas ou pictografias", feitas com pigmentos ou tinta, e "gravuras ou petróglifos", resultantes de incisões – ambas conhecidas pelas pessoas como "itacoatiaras", palavra derivada do tupi *ita* (pedra) e *coatiara* (decorada). Muitas dessas imagens preservam a recordação de atividades sociais importantes para os antigos habitantes do Brasil, como aquelas em que aparecem seres humanos em diversas ações individuais ou coletivas: em barcos, de mãos dadas em roda, caçando ou lutando; com o corpo decorado, em várias posições, com ou sem instrumentos, como o arco e a flecha. Muitos petróglifos foram localizados às margens da água e há quem os relacione a um culto das águas.

CENA DE CAÇA

Cena de caça descrita pelo jornalista especializado em divulgação científica Marcos Pivetta:

> Cinco homens encurralam um bicho imenso. Estão armados, arcos e flechas em suas mãos. O robusto animal, talvez um veado, parece apoiar as patas traseiras no chão ao passo que as da frente cortam o nada. Cercado, o cervo ensaia a fuga enquanto cada membro do quinteto firma a mira. Do combate, só sairá um vencedor – ou cinco. Mas nunca se saberá quem. Isso não importa. Importa é que a cena de caça está preservada há milhares de anos e é apenas parte de uma imensa pintura rupestre da Toca do Estevo III, um dos mais de 700 sítios pré-históricos encontrados no Parque Nacional Serra da Capivara, criado em 1979 em São Raimundo Nonato, município do sudeste semiárido do Piauí.

(PIVETTA, Marcos. Pré-História ilustrada. *Revista Pesquisa Fapesp*, v. 105, nov. 2004, pp. 80-5. Disponível em: <https://revistapesquisa.fapesp.br/pre-historia-ilustrada/>. Acesso em: 18 jun. 2022.)

A interpretação das imagens de povos sem uma escrita como a nossa exige ao menos duas atitudes, ainda incipientes no que se refere ao estudo da arte rupestre de nosso país. Em primeiro lugar, é necessário o levantamento de um conjunto muito amplo de imagens, formando um *corpus* ou coleção por local de achado, com todos os elementos contextuais que puderem ser adicionados.

Alguns pesquisadores têm procurado, de forma inovadora, mostrar que motivos que aparecem nas pinturas corporais também estão na cerâmica de certos povos indígenas, o que pode nos ajudar a entender o significado desses símbolos.

Na ilha de Marajó, foz do Amazonas, foram encontradas urnas funerárias com decoração pintada e incisa consideradas, com justiça, uma das mais originais do continente americano. As urnas marajoaras apresentam formas humanas estilizadas, com motivos decorativos geométricos usados em contextos rituais. Além de as representações humanas não serem comuns em outros lugares, um aspecto em particular tem chamado a atenção dos estudiosos: a predominância de mulheres. Mais de 90% das urnas com imagens humanas são de mulheres, o que dá o que pensar.

Aqui cabe um parêntese sobre o predomínio de interpretações feitas por pesquisadores do sexo masculino no estudo da Pré-História em geral e do Brasil, em particular. O estudo do passado esteve, por longa tradição, associado aos pontos de vista dominantes, das elites masculinas. Mesmo quando as mulheres estudaram temas históricos, muitas vezes o fizeram seguindo as tradições historiográficas dominantes, também elas masculinas. Nos últimos tempos, contudo, tem surgido uma crítica a tais pressupostos, transmitidos sem reflexão no interior da ciência. A arqueóloga pré-historiadora francesa Marylène Patou-Mathis (1955-) publicou em 2020 um livro bem sobre isso: *L'homme préhistorique est aussi une femme: une histoire de l'invisibilité des femmes* (O homem pré-histórico é também uma mulher: uma história da invisibilidade das mulheres), em que mostra, por exemplo, como esqueletos femininos foram tomados como de homens por pesquisadores que pensaram erroneamente que a riqueza da tumba ou o destaque dado à pessoa falecida não poderia se referir a uma mulher. Do mesmo modo, mulheres guerreiras foram tomadas como homens. Esse viés, cuja consequência é a invisibilização feminina, felizmente tem sido combatido e superado nos estudos pré-históricos. O sexismo nas interpretações é tanto mais inconsistente se considerarmos, no caso do Brasil, o predomínio feminino na Arqueologia, em geral, e mais ainda nas lideranças arqueológicas há décadas!

Nesse contexto, parece-nos apropriado apresentar a interpretação de uma estudiosa de urnas marajoaras, Anna Roosevelt. Roosevelt lembra que fontes dos séculos XVI e XVII relatam a existência de sociedades amazônicas nas quais as mulheres tinham grande destaque. Naquele momento, mulheres eram líderes e sacerdotisas, assim como eram as deusas as mais importantes no panteão, fundadoras de linhagens. Segundo suas conclusões, as mulheres seriam mais poderosas que os homens, o que acabou por se refletir também em tradições indígenas amazônicas conhecidas que, com toda probabilidade, levaram os europeus a identificarem aquelas populações com as mitológicas "amazonas" da lenda grega. Essas sociedades caracterizavam-se por uma população em crescimento, agricultura intensiva, artesanato especializado, assim como com uma estrutura social hierarquizada e matrilinear, em que as mulheres tinham posição de destaque.

Para afirmar tudo isso, Roosevelt recorreu ao estudo das urnas cerâmicas. Para ela, a predominância feminina pode ser explicada de diversas formas, partindo do pressuposto de que a arte marajoara manifesta, de modo simbólico, a existência de estratificação social, as desigualdades sociais e a presença de lideranças, no que ela chama de "cacicado". A pesquisadora sugere que a maioria de imagens femininas reflete um sistema social baseado na "mãe", de forma que as mulheres dos vasos representariam chefes de clãs ou figuras míticas fundadoras de famílias. A localização de outros vestígios materiais também induz a estudiosa a considerar que poderia ter vigorado um

Estatueta feminina oca em forma de falo, mostrando, segundo alguns estudiosos, o empoderamento da mulher.

sistema chamado de "matrilinear", no qual os homens ao se casar passavam a fazer parte da família da esposa e deviam viver com a família dela. A ênfase nas representações estaria nas mulheres e em seus atributos reprodutivos, como indicam, por exemplo, as explicitações dos órgãos genitais femininos, com destaque para o útero. Essa ideologia enfatizava a reprodução, bem de acordo com uma sociedade com hierarquias centradas na mulher.

Nem todos os arqueólogos e etnólogos aceitam tais interpretações, mas é a própria Roosevelt quem enfatiza a necessidade de mais pesquisas arqueológicas na Amazônia para se poder obter dados que possam substanciar, ou enfraquecer, suas hipóteses. Como quer que seja, assim como na arte rupestre, também nesse caso fica claro que, para se propor interpretações das imagens, é necessário acumular dados e estar aberto a modelos interpretativos. O acúmulo de informações depende de publicações de coletâneas documentais, de relatos de trabalhos de campo, de pesquisas de todo tipo. Além disso, uma profusão de abordagens permitirá a formulação de hipóteses mais elaboradas e menos comprometidas com pontos de vista enviesados, como no caso da abordagem feminina que acabamos de apresentar. Embora ainda em sua infância, o estudo dos aspectos simbólicos promete grandes perspectivas para o conhecimento de nossa Pré-História.

Dissemos, anteriormente, que o conhecimento do passado, antes do uso da escrita, depende do estudo de restos materiais e que nem tudo se preserva. Mas, não só pedras, cacos cerâmicos e pinturas chegaram até nós. Adornos corporais em materiais orgânicos são reveladores de sentidos simbólicos insuspeitados.

Antes de chegarmos aos vestígios, comecemos pelo que significa "adorno corporal", em diferentes épocas e culturas, e como podemos conhecer tais adornos e possíveis significados. "Adorno" deriva de "ordem", "fileira", e se refere ao efeito estético, de percepção de harmonia e beleza derivada da concatenação de adereços ou enfeites. Mesmo quando há um só, está em relação com o corpo, pelo que há uma ordenação: daí "adorno", "ordenação para ficar bonito".

Adornos podem ser muitos diferentes: tatuagens ou escarificações, perfurações, inserções, como os discos labiais ou nas orelhas, entre outros mais ou menos definitivos e permanentes. Há, também, um número ainda maior de enfeites temporários, de cocares a vestimentas, pinturas corporais, pendentes, colares, pulseiras, entre outros. No Velho Mundo, temos evidências diretas e indiretas, arqueológicas e também em menções feitas por autores antigos. Em corpos mumificados, aparecem vestígios de tatuagens antiquíssimas. Os enfeites, feitos em ossos, pedras, cerâmica, são dos mais preservados. O caso dos pictos, povos pré-históricos ou proto-históricos que habitavam a atual Escócia, Reino Unido, à época dos antigos romanos, no século I d.C., mostra bem como os adornos corporais são importantes e impressionam. *Picto*, em latim, significa "pintado", é o particípio passado do verbo latino *pingo*, que significa "eu pinto". Por esse motivo, os habitantes do norte das ilhas Britânicas, que se tatuavam, foram denominados pictos pelos romanos, que os identificavam pelas tatuagens e os consideravam adversários.

Aqui no continente americano, os ameríndios são bastante identificados por seus adornos: todos pensam em cocares e pinturas corporais! Isso foi reforçado pelo cinema norte-americano ou pelas festividades do Dia do Índio, no Brasil, em 19 de abril. Todas as escolas de ensino fundamental contam com comemorações dessa data e as imagens mais recorrentes são os adornos corporais! Mas, de fato, também aqui esses enfeites são da maior importância, e o que é considerado belo representa também um capital. No passado não foi diferente. Há vestígios arqueológicos variados, de épocas e lugares distintos, de adornos corporais. Entre eles, chama atenção a relação estreita entre beleza e imagens com formas animais e vegetais.

"Pingentes" são objetos que ficam pendurados, que pendem como um pingo, ligados ao corpo por uma corrente, seja às orelhas, seja ao pescoço ou em outras partes, como na cintura ou no calcanhar. Pingentes de ossos – de animais variados (já que a caça ou a pesca eram atividades importantes desde a época de caça e coleta e mesmo depois do advento da agricultura) – também estão muito presentes no registro arqueológico brasileiro. Dentre esses ossos, são muito comuns os dentes, pelo seu tamanho pequeno e facilidade de retirada do animal morto, de sua perfuração e articulação por um fio, e pelo leve peso. Conchas de gastrópodes ou caracóis, sementes ou caroços serviam também para confeccionar pulseiras, para adultos e crianças, mulheres e homens. Esses artefatos podiam, ainda, ser decorados com riscos em formas geométricas. O adorno corporal é muito antigo, mesmo tendo em conta a dificuldade de preservação. As pesquisadoras Camila Ferreira (1992-) e Daniela Cisneiros (1977-) definiram de modo preliminar em seu trabalho com dados cronológicos (publicado na *Revista de Arqueologia*, com o título "Adornos corporais em materiais orgânicos nos enterramentos pré-históricos no Nordeste do Brasil", de 2021) que sítios com datações recuadas, cerca de 8000 e 7000 anos AP, possuem, com maior frequência, adornos confeccionados em ossos, dentes e conchas; enquanto, por volta dos 6000 anos, observa-se maior variedade de matérias-primas em sua produção, com a inclusão de diversas espécies de sementes e o uso de madeira como ornamentação.

Qual a profundidade dessas manifestações estéticas em adornos? Há quanto tempo isso tem sido feito? No Velho Mundo (África e Eurásia), não há dúvida sobre as manifestações muito antigas, como riscos datados de 70 mil anos, na África. No Brasil, Denis Vialou (1944-) e Águeda Vialou (1945-) (no trabalho "Manifestações simbólicas em Santa Elina, Mato Grosso, Brasil: representações rupestres, objetos e adornos desde o Pleistoceno ao Holoceno recente", publicado no *Boletim* do Museu Goeldi, em 2019) constatam manifestações artísticas desde 27 mil anos atrás, em pleno Pleistoceno, muito antes do Holoceno, há 10 mil anos. Embora não saibamos, com certeza e de maneira ainda bem datada e aceita, sobre a antiguidade da presença humana no Brasil, parece claro que os humanos que aqui aportaram, quando quer que seja, já mostravam expressão simbólica observável pelo registro arqueológico, pelos vestígios materiais, na falta de restos de canções, músicas ou danças que tenham sido preservados. Enfim, os humanos que aqui se instalaram sempre mostraram capacidade simbólica e criativa: esta é a mensagem última do estudo da Pré-História do Brasil.

A SEXUALIDADE

É possível estudarmos a questão da sexualidade na Pré-História do Brasil?

Voltemos, por um instante, para os primórdios das civilizações com escrita, para ressaltarmos a onipresença da sexualidade como expressão religiosa ligada à fertilidade. Os mais antigos textos mesopotâmicos e egípcios, datados de 5 mil anos atrás, tratam de deuses, deusas e espíritos voltados para a reprodução das plantas, de animais e de humanos. Isso está na origem mesma das civilizações dotadas de escrita, pois elas são agricultoras e dependem do bom êxito da plantação e da criação de animais domesticados, assim como da reprodução. Não por acaso, esse tema da reprodução estava dentre os mais importantes, com divindades como Astarté, na Mesopotâmia, e Osíris, no Egito, ambas ligadas à reprodução e ao renascimento agrícola, animal e humano. Divindades tanto femininas como masculinas, até mesmo porque a reprodução depende de um e outro.

Na Antiguidade greco-romana, de forma ainda mais aguda e próxima de nós pela tradição cultural ocidental, a sexualidade estava no centro da vida social e religiosa, de um modo que, para os pudicos olhos modernos, nem sempre foi algo evidente. Não eram apenas os deuses que se enamoravam, mas também tudo girava em torno das pulsões amorosas, como nos lembra a obra *O banquete*, de Platão, toda dedicada ao amor (*eros*). Não menos importante era a divinização do falo (pênis ereto), uma das muitas divindades ligadas ao sexo, conhecida por diversos nomes, sendo Priapo o mais popular. O falo era considerado propiciatório, trazia sorte e afastava o azar. Sua representação estava em toda parte, em particular nos lugares liminares, como nos cruzamentos de ruas e estradas e nas portas (em geral, hiperdimensionado), mas também em amuletos como pingentes, anéis. O sêmen também era bastante lembrado por seu poder fertilizador. Essa ubiquidade estendia-se à literatura antiga, que igualmente apresenta uma quantidade notável de referências fálicas e sexuais, sempre de alguma forma ligada à sacralidade atribuída à fertilidade.

Isso tudo mudaria, de maneira radical e violenta, com alguns cultos orientais e ascéticos que combatiam os desejos e a sexualidade, em particular a nascente Igreja cristã. Quando esta foi erigida como instituição associada ao poder, a partir do início do século IV d.C., com o Edito de Milão de Constantino (313 d.C.), as mudanças aceleraram-se, com a crescente hostilidade à religiosidade ligada ao sexo e à fertilidade. Em algumas poucas décadas, os cultos de fertilidade foram não só banidos mas também satanizados, na medida em que as antigas práticas foram associadas ao demônio ou satã.

Na modernidade, com a crítica às concepções religiosas de mundo e a ascensão da racionalidade, surgiria um discurso de tipo naturalista que questionava os desejos e os pulsos sexuais não mais como artimanhas do demo, mas como parte de taras a serem curadas por procedimentos médicos e de repressão. O século XIX viria a ser, talvez, o auge dessa atitude repressora. O início do XX se debruçaria, de forma cada vez mais profunda e programática, sobre o tema da sexualidade.

Em meados desse século, uma verdadeira revolução sexual iria aprofundar-se com realidades sociais em mutação, em particular com a crescente participação feminina na vida social, a invenção do contraceptivo (pílula anticoncepcional) e o domínio feminino do corpo, num aumento do protagonismo das mulheres (que, na ordem tradicional, eram as principais vítimas da repressão sexual, ainda que os homens também o fossem, como resultado de papéis sociais rígidos e os quais os próprios varões tinham dificuldade em satisfazer).

Isso tudo teve consequências no estudo acadêmico do tema da sexualidade. A partir de meados do século XX e, em particular, no seu final e início do século XXI, houve um reconhecimento da importância de uma abordagem menos preconceituosa e mais aberta do tema. Diversos estudiosos foram importantes para que isso fosse possível, e o estudo da sexualidade moderna esteve no centro das atenções por motivos óbvios: somos nós a querermos nos entender. Também toda a tradição ocidental foi reavaliada sob essa ótica. Mas e a Pré-História?

O conhecimento dos nossos antepassados mais antigos sempre foi objeto de curiosidade, mas tardou a desenvolver-se. Foi apenas a partir do evolucionismo de Charles Darwin, em meados do século XIX, que se pôde pensar uma antiguidade muito mais profunda do que aquela de 5 mil anos, propugnada por uma leitura estreita da Bíblia, como já vimos no capítulo "Como assim, Pré-História no Brasil?". Mesmo depois, quando se descobriram fósseis muito mais antigos do que isso e que a Pré-História passou a considerar os tempos mais recuados, havia dificuldade em interpretar modos de vida diferentes dos agrícolas. Contudo, no século XX, em particular também graças aos influxos das pesquisas antropológicas e etnológicas com povos não urbanos, foi possível reexaminar esse passado pré-histórico mais antigo, e diversos estudiosos começaram a propor modelos antropológicos para tentar entender como viviam nossos antepassados mais remotos, caçadores e coletores.

Um tema, todavia, tardou a desenvolver-se, seja por tabu, seja por falta de recursos heurísticos ou interpretativos: a sexualidade. Por um lado, o tema continuou e continua a ser considerado por muitos "baixo e indigno" de estudos acadêmicos, diante de outros aspectos "mais nobres". Por outro, a sexualidade e a reprodução foram, muitas vezes, relegadas ao âmbito do natural, meramente ligadas à sobrevivência da espécie. No entanto, em todas as sociedades conhecidas, há evidências de que o sexo não se restringe a isso. A arqueóloga estadunidense Barbara Voss (1967-) tem mostrado como os gêneros em sociedades indígenas não são apenas dois e que as relações sexuais não visam só à reprodução, algo que deveria ser óbvio, mas que tem necessitado de comprovação. Surgiram estudos sobre o terceiro gênero entre os indígenas, para além do feminino e do masculino.

Embora no ambiente acadêmico continue parecendo mais prestigioso estudar outros temas, tidos como mais "elevados" que o do desejo sexual, não significa que não tem havido críticas e reações. Este livro mesmo procura ser uma contribuição nesse sentido, sendo que seus autores têm publicado, há tempos, obras sobre o tema da sexualidade, buscando mostrar não apenas sua relevância, mas também sua grande necessidade para a melhor compreensão dos grupos humanos. De fato, ao ignorarmos tais desejos, sempre inseridos em códigos de conduta que variam com as culturas, distorcemos de forma grave nossa percepção do passado e do presente. Nesta ocasião, vamos tratar de algo pouco explorado no estudo da Pré-História brasileira: as representações sexuais e fálicas.

No Parque Nacional da Serra da Capivara, em São Raimundo Nonato, no estado do Piauí, foram encontradas variadas representações sexuais, sexo em duplas e até em grupo. Há homens itifálicos, com os órgãos sexuais até mesmo superdimensionados, o que se pode associar, como em outros contextos, a sociedades com pretensão de domínio masculino, mas não só: pode ser a contrapartida masculina da exaltação da fertilidade, que aparece no destaque dado à genitália feminina. Em paralelo, surgem cenas de carinho, com beijos e abraços, mostrando que o afeto faz parte, também, da sexualidade e do amor. Dentre as representações, igualmente aparece cópula entre humanos e outros animais (zoofilia). Para entendermos essa presença, convém considerar o contexto simbólico e religioso relacionado à sexualidade, como força cósmica e natural. Cenas semelhantes aparecem também em outras pinturas rupestres, para além da serra da Capivara, a demonstrar a sua relevância. Pode parecer estranho, à luz dos nossos próprios tabus, mas todas essas práticas, por exemplo, eram atestadas em culturas como a grega e a romana, também com sentidos simbólicos e religiosos: por exemplo, num mito grego, Leda, rainha de Esparta, foi seduzida e possuída por Zeus encarnado em um cisne!

Perspectivas na História do Brasil pré-colonial

Além das novidades empíricas e teóricas mencionadas, a História do Brasil pré-colonial está diante de um grande desafio, que é estabelecer a continuidade entre as populações indígenas conhecidas a partir da chegada de Cabral e as evidências arqueológicas de seus ascendentes. Já existem algumas relações conhecidas, em particular onde há fontes escritas desde o século XVI, mas ainda há muito para fazer, pois, como manifestou John Monteiro (1956-2013), estudioso da história indígena no Brasil, "sabemos pouco sobre a história desses povos e, pior, o imaginário brasileiro continua povoado de graves distorções e preconceitos a respeito dessas populações".

Essas graves distorções já haviam sido diagnosticadas no início do século XX pelo polêmico Manoel Bomfim (1868-1932), um dos grandes analistas da história das ideias no Brasil. Ele já demonstrava de maneira límpida que não havia entre os brasileiros o interesse em conhecer a questão indígena, por causa do forte preconceito e do racismo que excluíam os povos indígenas e africanos da versão acadêmica que então predominava na construção da História do Brasil. Ao mesmo tempo, mostrava que houve muita manipulação e subtração de informações para construir esse pensamento que, hoje sabemos, tinha por meta a perpetuação do *status quo* das elites e a justificativa do extermínio, da exploração do trabalho e do roubo das terras indígenas. Bomfim, em seu livro de 1929, *O Brasil na América: caracterização da sociedade brasileira*, escreve a respeito da importância das sociedades indígenas no passado colonial:

> [...] os historiadores de profissão não se detêm nesses aspectos gerais; apenas deixam entrever tais coisas. Enfartados de erudição morta, eles abafam, quase, a realidade. Quando, porém, estimulados pelo que se entrevê nas suas histórias, procuramos interpretá-las e surpreender os lances de vida, vemos a primeira sociedade brasileira infundida na massa do gentio [índio ou indígena], e a lógica dos sucessos nos faz compreender que esse gentio, tecido vivo em que se enxertou o português, foi a própria massa, na sociedade que derivou da colonização. Então, ao espírito se impõe a convicção: a nação que se desenvolveu sobre essa primitiva sociedade, e que nela se afirmou, guardará para sempre o cunho das suas poderosas origens. Os brasis valiam de valor próprio, e valiam muito, porque eram muitos e muitos.

De um lado, essas afirmações abrem a perspectiva ainda pouco considerada pelos arqueólogos – assim como pelos próprios historiadores –, que trata da participação efetiva das populações indígenas nos processos regionais de formação dos núcleos coloniais construídos pelos europeus. O que aconteceu? Quanta gente estaria envolvida nesses processos? Por exemplo, em áreas como a Baixada Santista, o litoral catarinense, o interior do Paraná, o litoral do Nordeste e a várzea do rio Amazonas, como foi o processo histórico que transformou territórios bem povoados por indígenas em áreas bem europeizadas? Quais os movimentos que levaram à transformação de povos indígenas em povos marginais, "sem-terra" e favelados?

De outro lado, é preciso conhecer quais foram os ancestrais dessas populações, compreender com maior nível de detalhe como eles eram e viviam, quais as suas histórias, como se relacionaram populações diferentes, quais os indicadores que atestam a continuidade e as mudanças nessas populações?

Nessa direção, a mesma de Bomfim e Monteiro, José Brochado (1942-), arqueólogo brasileiro, já em 1984 afirmava que a "Arqueologia do leste da

América do Sul deve ser vista como a Pré-História das populações indígenas históricas e atuais". Ele também argumentava que, se as relações entre as manifestações arqueológicas e as populações que as produziram não forem pesquisadas de forma deliberada, "o mais importante terá se perdido".

Brochado propunha a modificação de uma metodologia predominante no Brasil, que considerava apenas as evidências arqueológicas, sem buscar relacioná-las aos povos que as fizeram. Ou seja, ele queria deixar de basear as pesquisas só na descrição e na datação dos vestígios materiais, voltando-se à construção de uma verdadeira História das sociedades indígenas e à compreensão dos seus modos de vida, das suas organizações sociais e políticas. Naquele momento, na década de 1980, predominava uma Arqueologia descritiva e colonialista, derivada da repressão à Arqueologia humanista que se expandira antes da ditadura militar (1964-1985). Paulo Duarte (1899-1984), intelectual que contribuíra para a fundação da Universidade de São Paulo (1934), combatera a ditadura do Estado Novo (1937-1945), foi o grande responsável pelo desenvolvimento de uma Arqueologia em defesa do que chamava de "homem americano", em referência aos antigos habitantes do continente. Duarte estava em contato com antropólogos e arqueólogos, em particular com humanistas franceses, como Joseph Emperaire (1912-1958) e Annette Laming-Emperaire (1917-1977), que vieram ao Brasil e deram início à pesquisa arqueológica com metodologia moderna e o mais importante: em busca do indígena em sua riqueza cultural. Logo após o golpe militar, em abril de 1964, as autoridades começaram a reprimir o humanismo em geral e também a Arqueologia humanista. Em seu lugar, foi estabelecido um Programa Nacional de Pesquisas Arqueológicas (Pronapa), já em outubro de 1964, sediado em Washington e capitaneado por Betty Meggers, cujos preceitos, como vimos, eram colonialistas e contrários ao humanismo e ao reconhecimento da cultura dos antigos habitantes. Em seu lugar, impuseram-se práticas de campo defasadas e registros descritivos. Foi esse o contexto do comentário de Brochado, citado anteriormente. No entanto, Nièdé Guidon, antiga aluna de Paulo Duarte, conseguiu apoio humanista francês para o estudo de pinturas rupestres, em claro desafio ao desprezo pela cultura indígena. Guidon doutorou-se na França e fez amizade com intelectuais humanistas franceses, contrários ao militarismo e ao colonialismo, tão marcantes na América Latina à época, em particular no Brasil.

A Anistia (1979), as eleições estaduais, em 1982, com governos civis, a presidência civil (1985) e a Constituição (1988) trouxeram novos ares de liberdade, legislação de proteção ambiental e patrimonial, valorização da diversidade e dos indígenas e sua cultura. Para a Arqueologia e para o estudo e valorização dos vestígios pré-históricos indígenas, foi uma verdadeira revolução. Milhares de sítios arqueológicos passaram a ser descobertos e pesquisados; líticos, cerâmica, pinturas e gravuras foram descobertos em grande quantidade, estudados e publicados. Hoje, há arqueólogos indígenas formados.

Contudo, com tantas pesquisas e com crescente valorização dos indígenas pelos acadêmicos, fica claro que tudo o que foi pesquisado até o presente consiste apenas na ponta de um imenso *iceberg*, constituído por múltiplas histórias de milhões de pessoas, tanto dos povos que aparecem nas crônicas coloniais e contemporâneas, quanto dos que nem foram ainda estudados ou mencionados. Se considerarmos que, no século XVI, eram faladas mais de 1.200 línguas diferentes, a perspectiva é a de que ainda há muito por se descobrir em relação a populações distintas entre si. De fato, sabemos muito pouco em termos específicos, mas já muito em termos genéricos e, como disse com propriedade o antropólogo Carlos Fausto (1963-), "vivemos em uma ilha de conhecimento rodeada por um oceano de ignorância".

O PARTO ENTRE OS INDÍGENAS XOKLENGS

O antropólogo Darcy Ribeiro assim descreveu o ato de dar à luz entre os xoklengs, de Santa Catarina, na época em que estavam sofrendo o processo da então chamada "pacificação", ou seja, o contato com a sociedade não indígena e as ações que levavam à sedentarização de grupos indígenas promovidos pelo antigo Serviço de Proteção aos Índios, órgão anterior à Funai (Fundação Nacional do Índio), quando ainda guardavam muito de seus hábitos culturais antigos (que se modificariam bastante mais tarde, em razão das influências externas):

> [...] a mulher tinha seus filhos no descampado, junto da aguada ou num abrigo especialmente armado para isto, se estivesse acampada junto a grupo numeroso. Ajoelhava-se, sentada sobre os calcanhares, e fazia força; quando sentia que a criança começava a nascer, suspendia os joelhos do chão e tomava o nascituro nas mãos. Criança e placenta eram expelidas sem interrupção, podendo a mãe ou a ajudante, quando havia, cortar o umbigo já fora do corpo. Usava-se para isto a lâmina de uma flecha comum do marido e depois dava-se um nó na porção do umbigo presa à criança.
>
> Após o parto, a mãe ia ao córrego, lavava a criança, voltando à casa ou ao rancho especial, quando existia. Nos dias seguintes, era recomendável que tanto a parturiente como o pai comessem carne de bugio ou outro macaco, sendo o homem que os devia caçar. Mas nem sempre isso era possível, o que não constituía grave problema. Não havendo outra mulher que lhe trouxesse a lenha e a água necessária à casa, ela própria ia buscá-la e não interrompia seus misteres de cozinheira.

> Durante a década de 1960, quando os xoklengs já se encontravam parcialmente assimilados por elementos da cultura não indígena, o parto já era um acontecimento dramático. Não só as mulheres xoklengs passaram a aguardá-lo como uma provação e a sofrer com ele, como ficaram sujeitas a complicações como a febre puerperal, mesmo com os vários cuidados higiênicos que antigamente não existiam.
>
> (RIBEIRO, Darcy. *Os índios e a civilização*: a integração das populações indígenas no Brasil moderno. São Paulo: Companhia das Letras, 1996.)

Desde que os pesquisadores começaram a ter como preocupação o estudo do passado das populações indígenas que conhecemos, das fontes escritas pelos colonizados europeus e das que estão vivendo até a atualidade, os avanços têm sido bastante significativos. Contribui também para isso a possibilidade de conjugar informações arqueológicas, etnográficas, históricas e linguísticas, permitindo que se percebam o movimento, a complexidade, a variabilidade dos processos históricos. Assim, é possível notar as continuidades e as mudanças na trajetória das populações, em vez das imagens estáticas, imutáveis que as descrições e as interpretações tradicionais da Pré-História e da História colonial legaram ao público. Várias dessas populações descendem de complexos processos de colonização e ocupação que culminaram no domínio de todo o território brasileiro, e que os estudiosos ainda estão tentando compreender e explicar com maior precisão.

PRÉ-HISTÓRIA APÓS CABRAL?

Começamos nossa caminhada ao definirmos Pré-História de maneira ampla, "até os dias de hoje", dissemos ao início. Então, tratamos disso, ao final do livro, com mais atenção. No estudo da Pré-História em contexto americano, africano, na Oceania e ilhas do Pacífico, a chegada de povos com escrita, como os árabes na África e os europeus na América, não alterou um aspecto importante: a continuidade da existência de sociedades sem uso da escrita e cujo conhecimento, nesse relevante aspecto, está fundado no estudo de vestígios arqueológicos. Há, também, as referências na documentação escrita de colonizadores ou viajantes, mas sempre a partir de um ponto de vista exterior. No continente africano, fontes árabes referem-se a muitos povos, culturas, costumes de povos subsaarianos, desde o século X, mas são principalmente os vestígios materiais que nos ajudam a desvendar a maneira como viviam os nativos. Isso se aplica aos outros lugares mencionados, como no Brasil. É fato que é difícil diferenciar o que era observado daquilo que o visitante tinha como repertório cultural e que projetava no que via. Vejamos o episódio que Jean de Léry (1536-1613) conta em sua *Viagem à Terra do Brasil* (1578):

> Os nossos tupinambás muito se admiram de os franceses e outros estrangeiros se darem ao trabalho de ir buscar o seu arabutan [pau-brasil]. Uma vez um velho perguntou-me: "Por que vindes vós outros, maírs e perôs (franceses e portugueses) buscar lenha de tão longe para vos aquecer? Não tendes madeira em vossa terra?". Respondi que tínhamos muita, mas não daquela qualidade, e que não a queimávamos, como ele o supunha, mas dela extraíamos tinta para tingir, tal qual o faziam eles com os seus cordões de algodão e suas plumas. Retrucou o velho imediatamente: "E porventura precisais de muito?". "Sim", respondi-lhe, "pois no nosso país existem negociantes que possuem mais panos, facas, tesouras, espelhos e outras mercadorias do que podeis imaginar e um só deles compra todo o pau-brasil com que muitos navios voltam carregados". "Ah!", retrucou o selvagem, "tu me contas maravilhas", acrescentando depois de bem compreender o que eu lhe dissera: "mas esse homem tão rico de que me falas não morre?". "Sim", disse eu, "morre como os outros". Mas os selvagens são grandes discursadores e costumam ir em qualquer assunto até o fim, por isso perguntou-me de novo: "E quando morrem para quem fica o que deixam?". "Para seus filhos se os têm", respondi; "na falta destes, para os irmãos ou parentes mais próximos". "Na verdade, continuou o velho", que, como vereis, não era nenhum tolo, "agora vejo que vós outros maírs sois grandes loucos, pois atravessais o mar e sofreis grandes incômodos, como dizeis quando aqui chegais, e trabalhais tanto para amontoar riquezas para vossos filhos ou para aqueles que vos sobrevivem! Não será a terra que vos nutriu suficiente para alimentá-los também? Temos pais, mães e filhos a quem amamos; mas estamos certos de que depois da nossa morte a terra que nos nutriu também os nutrirá, por isso descansamos sem maiores cuidados".
>
> Este discurso, aqui resumido, mostra como esses pobres selvagens americanos, que reputamos bárbaros, desprezam aqueles que com perigo de vida atravessam os mares em busca de pau-brasil e de riquezas. Por mais obtusos que sejam, atribuem esses selvagens maior importância à natureza e à fertilidade da terra do que nós ao poder e à providência divina; insurgem-se contra esses piratas que se dizem cristãos e abundam na Europa tanto quanto escasseiam entre os nativos. Os tupinambás, como já disse, odeiam mortalmente os avarentos e prouvera a Deus que estes fossem todos lançados entre

os selvagens para serem atormentados como por demônios, já que só cuidam de sugar o sangue e a substância alheia.

Essa historieta é saborosa, astuta e sedutora; mostra como os indígenas eram sábios! Não sabemos em que medida esse diálogo aconteceu ou se foi o resultado de experiência e pontos de vista de Jean de Léry ou mesmo das suas intenções. Lembremos que uma historinha semelhante está nos *Ensaios*, de Montaigne, da mesma época. Ambos, o primeiro protestante e o segundo católico, ficaram horrorizados com as guerras e os massacres entre católicos e protestantes, as chamadas "guerras de religião" ou guerra civil na França daquele período (1562 a 1598). Para eles, os horrores de sua época levavam a considerar que os tupinambás mostravam os absurdos dos "civilizados" perante os "bárbaros". Mais do que isso. Ambos eram humanistas, conheciam os autores gregos e romanos antigos e neles se inspiravam. Heródoto (484-425 a.C.), em grego, e Tácito (56-117 d.C.), em latim, entre outros, mostram os bárbaros como sábios, em sua sociabilidade e tão diferentes da violência dos civilizados. Em que medida Montaigne e De Léry emularam esses e outros autores antigos, ao lamentar a luta civil entre os seus, comparando-os aos "bárbaros", bem mais sábios? Os tupinambás e seus comentários podem ressoar como egípcios e germanos aparecem em Heródoto e Tácito.

Para escapar da unilateralidade, da falta de conhecimento, dos preconceitos e vieses de colonizadores e visitantes, podemos e devemos recorrer aos vestígios arqueológicos como as principais evidências ao tratar dessa pré-história tardia. Além disso, é importante lançar mão de alguns conceitos, como "contato cultural", "hibridismo", "transculturação", "perspectivismo", entre outros.

Após a chegada dos europeus ao continente americano, no final do século XV, os ameríndios, como já vimos, foram dizimados por doenças, empurrados para o interior, mas também passaram a viver em interação com europeus e africanos, seja a distância, seja nos próprios novos assentamentos, com constantes e perenes contatos, a começar pelo cruzamento de europeus e africanos e indígenas. No auge do colonialismo e do imperialismo do século XX, essa situação foi tratada a partir de conceitos como "aculturação" e "civilização". Partia-se da ideia de que "os mais adiantados" em termos tecnológicos, os europeus, impunham seus valores aos colonizados por meio da simples imitação admirativa dos periféricos. Vendo a superioridade do nível de vida dos dominantes, os habitantes locais buscariam alcançar o estilo de vida deles. Isso partia da noção de que a cultura norte-americana se expandia pelo mundo todo por imitação: europeus, latino-americanos e todos mais queriam chegar ao estilo de vida americano. Os carrões, as avenidas e as estradas largas, o consumo de produtos caros e sofisticados teriam levado o mundo todo a emular o modo de vida americano (*american way of life*). Passou-se então a aplicar essa ideia ao passado. Assim surgiu o conceito de "aculturação", significando a passagem de uma cultura "inferior" a outra "superior", por imitação. Ou seja, a americanização do mundo no século XX serviu para explicar o passado, com conceitos como "helenização" e "romanização", na Antiguidade, e europeização, para a Modernidade, desde o século XV. No nosso caso, os indígenas do Brasil teriam almejado a "europeização".

Esse conceito colonialista e imperialista acabaria sendo criticado, em particular a partir dos movimentos de descolonização, em meados do século XX, mas também por movimentos sociais, como os indígenas, em todos os continentes, com destaque para o nosso continente americano. Surgiram, nesse novo contexto, conceitos muito diferentes, a começar por "transculturação": a cultura vai e volta, não só numa direção, como na aculturação, do suposto inferior para o suposto superior. Esse conceito surgiu na América Latina, com diversos nomes e características que não cabem detalhar aqui. Importa o conceito em si: do contato de culturas distintas ocorria uma mescla, de pessoas, idiomas, costumes e tudo o mais. No nosso caso, enquanto o idioma usado nos poucos documentos escritos era o português ou o latim, até 1750, no imenso interior, para além das cidades costeiras, eram falados idiomas indígenas, com o predomínio do tupi ou língua geral. "Contato", essa é outra palavra-chave usada, nas últimas décadas, para tratar desses encontros entre nativos, europeus e africanos, ao não hierarquizar uns e outros. "Hibridização", biológica e cultural, também ressalta a mistura, assim como o conceito de "perspectivismo", derivado de "perspectiva", "ponto de vista" – são conceitos antropológicos que buscam a diferença e a especificidade. "Perspectivismo" ressalta que tudo que se faz resulta do que se percebe, e só se pode perceber por um prisma particular. Aí entra o "perspectivismo indígena", que não se limita aos que vivem, hoje, isolados, mas pode e deve ser aplicado aos povos dos séculos anteriores. O uso da língua geral pela gente comum até meados do século XVIII significa que as pessoas que a empregavam pensavam o mundo a partir do indígena! Dormiam em redes e comiam mandioca em vasilhas de tradição nativa, e viviam conforme a sociabilidade ameríndia.

O futuro da Pré-História do Brasil

Em algumas dezenas de páginas, viajamos por um passado de milhares de anos, das primitivas populações que entraram no continente americano aos povos que iniciaram o contato com os europeus, no final do século XV e sua continuidade desde então. Procuramos mostrar que há muitas questões em aberto, diversos pontos de vista e que as descobertas arqueológicas trazem sempre novos dados, o que favorece a proliferação de novas interpretações.

Agora, ao final deste livro, talvez o leitor esteja se perguntando sobre como contribuir para melhor conhecermos a nossa Pré-História, ou talvez, mesmo entusiasmado para pôr a mão na massa e participar de algum trabalho arqueológico. A essa inquietação respondemos: sempre existem vagas para voluntários na Arqueologia!

Quais seriam, hoje, os desafios do estudo da Pré-História no nosso país? Em primeiro lugar, para que se possa estudar o passado é necessário que tenhamos acesso a ele e, em nosso caso, isso depende só da preservação dos vestígios materiais. A destruição do patrimônio arqueológico tem sido muito grande, como vimos no caso do uso dos sambaquis como matéria-prima para obras diversas. Imensas áreas do Brasil têm sido inundadas para a construção de represas, com a perda, quase irreversível, de informação sobre as antigas populações que ali viveram por milênios. O ritmo acelerado de construções urbanas e de utilização de amplas áreas para a agricultura também tem contribuído para destruir numerosos sítios arqueológicos que nunca mais serão recuperados. Como enfrentar essa situação?

Não se preserva senão o que é importante para nós, o que nos diz algo e, por isso, é fundamental difundir muito mais o conhecimento sobre o passado pré-histórico e, ao mesmo tempo, envolver a população brasileira nesse processo de apropriação de seu patrimônio. Políticas de inclusão têm permitido que a formação superior (graduação, mestrado e doutoramento) seja cada vez mais acessível a indígenas, e há leis para a inclusão da temática na educação fundamental e média. O conhecimento público da antiguidade pré-histórica tem aumentado de forma constante e a inclusão de pessoas da comunidade, não estudiosas, também tem se ampliado.

Hoje, existem já diversos cursos de graduação e de pós-graduação em Arqueologia, com um crescimento substancial do número de arqueólogos em atividade no país. Há formação em Arqueologia em todas as regiões do Brasil, de norte a sul, de leste a oeste. Esses formados passam a atuar em dezenas de equipes dedicadas à Arqueologia Preventiva ou de Contrato, que servem às empresas estatais e privadas, em trabalhos de levantamento ambiental e patrimonial por meio de um contrato (daí o nome generalizado de Arqueologia de Contrato). Nunca houve tanta gente a participar de trabalhos de campo, em museus, laboratórios e outros centros de guarda e estudo de material arqueológico. Desde o início deste século, passamos de algumas centenas de arqueólogos a milhares, em crescimento constante. Para além dessa grande inovação, que foram as graduações em Arqueologia, continuou a expandir-se a presença do estudo da Pré-História em outras carreiras acadêmicas, em particular na formação de licenciados em História, formadoras de docentes do ensino fundamental e médio. Ainda há muito por fazer, nesse sentido, mas têm aumentado, pouco a pouco, as áreas de História Indígena e de Pré-História. Se considerarmos o nosso imenso território e a grande quantidade de sítios arqueológicos e vestígios materiais já armazenados em museus e outras instituições, o potencial é imenso. Contudo, em cursos superiores de História e Antropologia, ainda raros são os cursos de Pré-História, tanto por faltarem estudiosos como por falta de tradição em contratar professores pré-historiadores para essas áreas, ainda que haja um grande interesse no assunto por parte dos estudantes universitários. Essas deficiências refletem-se, muitas vezes, como já mencionamos, no pouco conhecimento do tema por parte dos professores de ensino fundamental e médio e no escasso espaço dedicado, em livros didáticos, aos temas pré-históricos. Porém, se compararmos os livros aprovados pelo Plano Nacional de Livro Didático (PNLD), hoje, com os do início do século, observamos que houve grande incremento no espaço neles dedicado ao tema.

Assim, como não ser otimista ao constatar que há grande interesse das pessoas em geral pelo tema? Livros, revistas, jornais, sites e demais meios de divulgação científica nas redes sociais que tratam de Luzia ou das pinturas rupestres encantam o público. Faltam, portanto, mais informação e educação. São necessários ainda mais estudos e estudiosos. É preciso continuar pesquisando sítios arqueológicos, tanto os ameaçados de destruição como outros mais bem preservados – que podem trazer muita informação se estudados no contexto de projetos de pesquisa que procurem responder a questões interpretativas elaboradas e complexas. Como se vivia num sambaqui? Como esse tipo de sítio se transformou com o tempo? O que comiam seus habitantes? Com que idade morriam e em que condições físicas? Como se pintavam as paredes? Com que figuras e para que elas serviam? São apenas alguns exemplos dos inúmeros temas a serem tratados. O estudo da Pré-História depende também de uma abordagem interdisciplinar por necessidade, pois se devem conhecer História, Antropologia, Linguística, Geografia e Biologia, para citar apenas algumas disciplinas.

O uso de técnicas laboratoriais cresceu muito e fornece perspectivas cada vez maiores. Datações são cada vez mais fáceis de fazer, baratas e frequentes, por carbono-14, no nosso caso, as mais pertinentes. Se bem no início do século XXI datações eram caras e raras, hoje, mais de 20 anos depois, são muito mais comuns e acessíveis. Análises genéticas têm avançado ainda mais ou de maneira mais rápida. Antes, o sequenciamento genético era difícil e caríssimo. Hoje, podemos analisar o DNA de seres humanos antigos e de pessoas vivas de forma muito mais corriqueira, com resultados surpreendentes: na herança materna, avaliada pelo DNA mitocondrial, há o predomínio de populações africanas (36%) e nativas americanas (34%). Por outro lado, 75% da herança paterna, que vem do cromossomo Y, é de origem europeia. Um dos autores deste livro (Funari) sabe ter antepassados indígenas, o que acontece com muita gente, no Brasil, sem que as pessoas saibam disso. Isso acontece por diversos motivos, entre eles o fato de que até poucos anos atrás os indígenas recebiam sempre sobrenomes portugueses, como Santos, Silva, entre outros. A ascendência indígena não era lembrada Há, ainda, outros muitos meios científicos à disposição para o estudo arqueológico, como o uso de luz: as linhas de luz são as estações experimentais onde os materiais são analisados; elas são como microscópios complexos que acondicionam e focalizam a radiação síncrotron para que ilumine as amostras dos materiais em estudo e permita a observação de seus aspectos microscópicos. Com isso, é possível esmiuçar a composição de material cerâmico ou de pigmentos, com múltiplos usos para identificar materiais, de modo a desvendar redes de abastecimento e contato, técnicas de fabricação, entre muitas outras informações. Esses são alguns exemplos do tanto que a cooperação interdisciplinar é importante e tem potencial imenso.

Conhecer os avanços nos estudos pré-históricos no cenário internacional também é muito importante, pois apenas a inserção do estudioso brasileiro na ciência mundial permite que se entre em contato com realidades semelhantes e propostas interpretativas que podem ser úteis para o caso brasileiro. A inserção da investigação brasileira no contexto internacional tem sido notável, mas pode crescer ainda mais. Se até o final do século passado não era tão habitual essa inserção, hoje é comum e corriqueira, com benefícios evidentes para a formação de estudiosos e para o conhecimento da Pré-História entre todos os pesquisadores envolvidos.

E o que falta para que tudo isso aumente ainda mais e que a Pré-História no Brasil tenha a importância que merece? Em última instância, o que se precisa é valorizar a diversidade cultural, bem como a importância de nosso passado pré-colonial. Embora mais de 60 milhões de brasileiros tenham antepassados indígenas, essa herança é mal conhecida e mesmo rejeitada, por ser ainda considerada por muitos parte de uma cultura inferior. No entanto, essas populações, em sua enorme variedade, construíram sociedades com culturas riquíssimas e seu conhecimento permite que entendamos, de uma certa maneira, a nós mesmos, pois todos somos seres humanos e a diversidade de comportamentos, usos e costumes constitui o maior tesouro da humanidade.

Talvez possamos, assim, concluir que o futuro da nossa Pré-História depende do envolvimento das comunidades, das populações, de todos, na valorização desse passado como parte de nossa própria vida, pois somos tão seres humanos como esses antigos habitantes de nossa terra. Cada leitor deste livro pode contribuir para isso, e esperamos que nosso volume tenha não só despertado o interesse, como também incentivado o leitor a trilhar seu próprio caminho nessa aventura do conhecimento.

O FUTURO DA PRÉ-HISTÓRIA DO BRASIL 139

Para conhecermos a Pré-História, o trabalho arqueológico é muito importante. Na foto, trabalho de campo no sítio arqueológico Piracanjuba. Localizado em Piraju (SP), esse sítio testemunha um assentamento guarani ocorrido há cerca de 300 anos. A área evidenciada é um piso de habitação (núcleo de solo antropogênico), com muitos fragmentos de cerâmica e restos de fauna. Foto fornecida por José Luiz de Morais.

Sugestões de leitura e pesquisa

Existem boas obras sobre a Pré-História do Brasil. Apresentamos, a seguir, sugestões de leitura de acordo com os temas desenvolvidos ao longo dos diversos capítulos.

A Pré-História e seu estudo: metodologia e obras gerais

FUNARI, Pedro Paulo A. *Arqueologia*. São Paulo: Contexto, 2022.

_____. Fontes arqueológicas, os historiadores e a cultura material. In: PINSKY, Carla. *Fontes históricas*. São Paulo: Contexto, 2022.

_____; PIÑON, Ana. *A temática indígena na escola, subsídios para os professores*. São Paulo: Contexto, 2022.

GASPAR, Maria Dulce. *Sambaqui*: arqueologia do litoral brasileiro. Rio de Janeiro: Jorge Zahar, 2000.

JUSTAMAND, M.; OLIVEIRA, G. F.; FUNARI, P. P. A. *Uma História do povoamento do continente americano pelos seres humanos*: a odisseia dos primeiros habitantes do Piauí. São Paulo/Manaus: Alexa/Edua, 2019.

KERN, Arno Alvarez; PEREIRA, Ione Aparecida Martins Castilho (org.). *Arqueologia e História*: diversidade e complexidade dos processos de povoamento do passado. Porto Alegre: EDIPUCRS, 2019, v. 1.

MARTÍN, Gabriela. *Pré-História do Nordeste*. 5. ed. Recife: Editora da UFPE, 2008.

PROUS, André. *O Brasil antes dos brasileiros*. 2. ed. Rio de Janeiro: Jorge Zahar Editor, 2007.

_____. *Arqueologia brasileira*: os primeiros colonizadores. Campo Grande: Carlini e Caniato/Tantatinta, 2019.

RODRIGUES, Aryon. *Línguas brasileiras*. São Paulo: Loyola, 1986.

TENÓRIO, Maria Cristina (org.). *Pré-História da Terra Brasilis*. Rio de Janeiro: Editora da UFRJ, 1999.

Os primeiros habitantes e a crescente diversidade das populações

BELTRÃO, Maria da Conceição et al. "A antiguidade do homem americano". *Revista do Instituto Histórico e Geográfico Brasileiro*, v. 148, n. 354-357, 1987, pp. 178-200.

FAUSTO, Carlos. *Os índios antes do Brasil*. Rio de Janeiro: Jorge Zahar, 2000.

FERREIRA, Camila; CISNEIROS, Daniela. "Adornos corporais em materiais orgânicos nos enterramentos pré-históricos do Nordeste no Brasil". *Revista de Arqueologia*, v. 34, n. 3, 2021, pp. 66-94.

FERREIRA, Jessica et al. "Reflexões sobre a pesca pré-colonial na baía da Babitonga, litoral norte de Santa Catarina, Brasil". *Cadernos do Lepaarq*, v. XVI, n.32, jul./dez. 2019, pp. 138-55.

GOMES, Denise M. C. *Cotidiano e poder na Amazônia pré-colonial*. São Paulo: Edusp, 2008.

GUIDON, Niède. As ocupações pré-históricas do Brasil (excetuando a Amazônia). In: CUNHA, Manuela C. da (org.). *História dos índios no Brasil*. São Paulo: Fapesp/SMC/Companhia das Letras, 1992.

McEWAN, Colin; BARRETO, Cristiana; NEVES, Eduardo (org.). *Unknown Amazon*. London: British Museum, 2001.

MEGGERS, Betty. *América pré-histórica*. Rio de Janeiro: Paz e Terra, 1979.

MESGRAVIS, Laima; PINSKY, Carla Bassanezi. *O Brasil que os europeus encontraram*. São Paulo: Contexto, 2000.

NAVARRO, Alexandre Guida. *Civilização lacustre do Maranhão*: arqueologia e história indígena da baixada maranhense. São Luís: Edufma, 2019.

NEVES, Walter Alves (org.). "Dossiê surgimento do homem na América". *Revista USP*. São Paulo: USP, v. 34, 1997.

_____. "Dossiê antes de Cabral". *Revista USP*, São Paulo: USP, v. 44, 1999-2000.

OLIVEIRA, Jorge E. *Os guató*: argonautas do Pantanal. Porto Alegre: PUCRS, 1996.

REIS, José Alberione dos. *Os buracos do bugre*. Caxias do Sul: EDUCS, 2002.

ROOSEVELT, Anna C.; NAVARRO, Alexandre Guida. *Ancient Civilizations from the Amazon/Antigas civilizações da Amazônia* (bilíngue). São Luís: EDUFMA, 2021.

VIALOU, Denis; VIALOU, Agueda V. "Manifestações simbólicas em Santa Elina, Mato Grosso, Brasil: representações rupestres, objetos e adornos desde o Pleistoceno ao Holoceno recente". *Boletim Museu Paraense Emílio Goeldi*, Belém, v. 14, n. 2, maio/ago. 2019, pp. 343-65.

O futuro da História do Brasil pré-colonial

FUNARI, Pedro Paulo A.; FERREIRA, Lúcio M. Arqueologia no Brasil e no mundo: origens, problemáticas e tendências. In: FUNARI, Pedro Paulo; CAMARGO, Vera Regina Toledo (org.). *Divulgado o patrimônio arqueológico*. Rio de Janeiro: Bonecker, 2018, v. 1, pp. 17-31.

Vídeos

Brasil 500 séculos: *a origem da terra e da vida* (vídeo da STV – Rede Sesc/Senac de Televisão, dirigido por Luciano Delion, 2000).

Caminhos da Reportagem: Pré-História brasileira: um tempo a ser descoberto (reportagem de Carlos Molinari e Mariana Fabre para a TV Brasil, 2016).

Niède, uma Pré-História (reportagem-documentário dirigida por Sergio Moraes C. Brandão sobre o trabalho da arqueóloga Niède Guidón, lançada em 2018, disponível no canal do projeto VideoCiência, no YouTube.)

Museus

Museu de Arqueologia e Etnologia da USP, São Paulo, SP

Museu do Sambaqui de Joinville, SC

Museu Nacional do Rio de Janeiro, Rio de Janeiro, RJ

Museu Paraense Emílio Goeldi, Belém, PA

GRÁFICA PAYM
Tel. [11] 4392-3344
paym@graficapaym.com.br